DR. MED. PETER KONOPKA
WERNER OBERGFELL

SPORT ERNÄHRUNG

DAS REZEPTBUCH

blv

Inhalt

Sporternährung – die Theorie

»PRAXIS OHNE THEORIE IST BLIND, THEORIE OHNE PRAXIS IST OHNE LEBEN.« NAHRUNG IST EIN ANGEBOT, DAS UNS ZUR VERFÜGUNG STEHT. UM DAS BESTE DARAUS ZU MACHEN, GILT ES, ZUNÄCHST DIE GRUNDPRINZIPIEN DER ERNÄHRUNG ZU VERSTEHEN.

VORWORT

»Du versuchst zu verstehen, was du nicht weißt. Wenn du das, was du weißt, nicht verstanden hast – weißt du gar nichts. Richtig?«

Tulku Lama Lobsang

Dieses Buch wurde aus der Erfahrung mehrerer Jahrzehnte geschrieben. Mit zunehmender Erfahrung wird alles einfacher, für manche vielleicht sogar zu einfach. Denn der Mensch macht zunächst alles kompliziert, weil er das so gewohnt ist, um dann über Jahrzehnte hinweg zu erkennen, dass alles Wahre einfach ist. Albert Einstein hat das so ausgedrückt: Nur wer einen Sachverhalt wirklich verstanden hat, kann ihn so einfach darstellen, dass ihn jeder versteht. So ist es auch mit der Ernährung. Es gibt kaum ein Sachgebiet, über das so viel geschrieben wird. Für alles gibt es Studien, besonders über Ernährung – aber nach drei bis vier Jahren ist die Hälfte davon nicht mehr gültig, und das Vertrackte ist: Man weiß vorher nicht, welche Hälfte. Braucht man eine Studie darüber, ob die Sonne im Osten aufgeht? Falls die Antwort »nein« lautet (was wir hoffen), dann sollte man sich auch die Frage stellen, warum man eine solche Studie nicht braucht. Die Antwort ist: Weil es ein Naturgesetz ist, und Naturgesetze ändern sich nicht, sodass man auch nicht immer wieder neue Studien braucht, um sie zu beweisen. Das trifft auch für das Sachgebiet der Ernährung zu. Wenn man die Naturgesetze verstanden hat, die im Hintergrund wirken, wird man verstehen, worum es bei der Ernährung geht, und sie an die eigene Situation anpassen können – auch in der Sporternährung –, ohne von fast täglich wechselnden Ernährungsratschlägen abhängig zu sein.
Dieses Buch ist für Menschen geschrieben, die besonders Breiten- und Gesundheitssport betreiben und sich dabei richtig ernähren wollen. Da der Mensch manchmal seine Grenzen ausloten will, haben wir auch Hinweise für leistungsorientierte Freizeitsportler eingefügt.
Der Schwerpunkt des Buches liegt auf den Naturgesetzen, die im Hintergrund wirken und alles steuern, und auf einer Ernährung mit möglichst natürlichen und biologisch hochwertigen Lebensmitteln. Dabei ist es uns wichtig, die Erkenntnisse der Sportmedizin und der Trainingswissenschaft mit den Erkenntnissen der Ernährungswissenschaft zu verbinden.
Unser Anliegen ist es, dass Ihnen dieses Buch – genau wie die Naturgesetze, auf denen es beruht – einigermaßen zeitlos so lange wie möglich nützlich sein kann. Voraussetzung dafür ist allerdings, dass Sie sich für die im Hintergrund wirkenden Naturgesetze interessieren und bereit sind, sich der Mühe zu unterziehen, sie zu verstehen – denn erst dann »gehört« Ihnen dieses Wissen, und Sie können es auf einfache Weise in den Alltag einfließen lassen.
Mit den besten Wünschen für einen möglichst großen Nutzen für Ihre Gesundheit und Leistungsfähigkeit.

Peter Konopka und Werner Obergfell

WICHTIGE FRAGEN UND ZUSAMMENHÄNGE

»Iss dich fit« – richtig?

In der Sportmedizin versteht man unter Fitness »eine hohe Leistungsfähigkeit und Leistungsbereitschaft für eine spezifische Aufgabe«. Das kann man allein durch Essen nicht erreichen. An erster Stelle muss die richtige geistige Einstellung stehen, mit einer hohen Leistungsbereitschaft. Das ist der wichtigste Faktor. Wenn ein Radrennfahrer keine Lust hat, Berge hinaufzufahren, kann er eine noch so hohe Leistungsfähigkeit besitzen und sich noch so ausgeklügelt ernähren – aus ihm wird nichts. Ein Jagdhund, den man zur Jagd tragen muss, ist für die Jagd nicht geeignet.

Was ist Fitness?

Eine hohe Leistungsfähigkeit hängt von dem Ziel ab, das man sich setzt, und von der Sportart, die man betreiben möchte. Ein Arzt, der Bodybuilding trainiert, kann dank des Krafttrainings seine Arzttasche mit einem Finger tragen – aber wenn er zu seinem Patienten drei Stockwerke hinaufsteigen muss, wird er so kurzatmig sein, dass ihn der Patient fragt, ob es ihm gut gehe. Und ein Marathonläufer wird im heutigen Berufsleben Probleme haben, Sitzungen und Teambesprechungen ohne »dicke Beine« durchzustehen. Die wichtigste Frage ist: Was will ich erreichen? Wenn man nicht gerade Profisportler werden will, ist Sport in der Regel kein Selbstzweck, sondern hat zum Ziel, uns im Alltag gesünder und leistungsfähiger zu machen. Der heutige Mensch braucht eine intelligente Fitness, die es ihm ermöglicht, in dem Umfeld, in dem er nun einmal leben muss, als gesunde Persönlichkeit zu überleben. Dabei ist Fitness kein Zustand, sondern ein Prozess – und die Ernährung muss sich in diesen Prozess integrieren. In dieser Reihenfolge, und nicht umgekehrt!

Breiten- oder Leistungssportler?

Wer sich für eine oder mehrere Sportarten entschieden hat, muss sich zu einem bestimmten Zeitpunkt auch darüber klar werden, in welchem zeitlichen Umfang und mit welcher Intensität er diese betreiben will. Das hat auch entscheidenden Einfluss auf die Ernährung. In der Sportmedizin unterscheidet man folgende vier Kategorien sportlicher Betätigung.

Breitensport

Hier steht die Freude an Bewegung und Spiel im Vordergrund, wobei die Leistung eine untergeordnete Rolle spielt. Ein Motiv zum Breitensport ist auch die Bewegung in einer Gruppe und die damit verbundene Geselligkeit, ob mit Fremden, Freunden oder Familie.

Gesundheitssport

Motivation ist hier vor allem die Wiederherstellung und Erhaltung der Gesundheit, insbesondere in Form therapeutischer Sportaktivitäten in Selbsthilfegruppen. Hier steht die Leistung nicht im Vordergrund, Intensität und Umfang sind relativ gering. Entscheidend sind die Freude an der körperlichen Aktivität – und die Rückwirkung auf Lebensweise und Appetit sowie auf eine gesunde Ernährung.

Leistungssport

Auch hier liegt die Motivation in erster Linie in der Freude an der Sportart, die man lieben gelernt hat. Dabei entsteht allmählich das Bedürfnis, seine persönliche Leistungsfähigkeit planmäßig zu steigern und sich im Wettkampf mit anderen zu messen. Auch wenn diese Wettkämpfe keinen nationalen oder internationalen Stellenwert haben, wird dabei manchmal doch die persönliche Höchstleistung gefordert. Wenn man Sport in dieser Kategorie betreibt, wird die Ernährung zu einem wichtigen Baustein des Trainingsprozesses und des Wettkampferfolges.

Hochleistungssport

Die Freude am Sport spielt auch hier noch eine große Rolle. So muss ein Radprofi den Tretvorgang lieben, wenn er jedes Jahr an die acht bis zehn Millionen Pedalumdrehungen ausführt. Ohne Liebe und Hingabe ist auf Dauer keine Höchstleistung möglich. Mit der Leistung nimmt das Streben nach dem Sieg, der Medaille oder einer guten Platzierung in nationalen und internationalen Wettkämpfen zu und steht dann zunehmend im Vordergrund. Diesem Leistungsstreben muss sich das ganze übrige Leben unterordnen. Der heutige Hochleistungssport hat in Umfang und Intensität eine Größenordnung erreicht, die früher unvorstellbar war und zunehmend an die biologischen Grenzen der menschlichen Leistungsfähigkeit stößt. Auch die Ernährung erreicht in dieser Kategorie ihre Grenzen – sowohl was das Nahrungsvolumen, die Nahrungsqualität als auch die Energiemenge betrifft.

Zum Nachdenken

Die Kategorie, in der man sportlich aktiv ist, hat großen Einfluss auf Lebensweise und Ernährung. Ich persönlich würde aber die Ernährung ihrer Bedeutung nach nicht an erster, sondern vielleicht an dritter Stelle platzieren. Das gilt auch für den Alltag: Wer die Ernährung an die erste Stelle in seinem Leben rückt, macht sich von ihr abhängig und verliert an Lebenskraft. Zuerst muss die richtige geistige Einstellung vorhanden sein, gefolgt von der richtigen körperlichen Aktivität – und dann erst kommt die Ernährung, die dazu passt.

Sich bei der passenden (Sport-)Ernährung am Bedarf von Hochleistungssportlern zu orientieren, ist wenig sinnvoll. Ob der Hochleistungssport in der heutigen Ausprägung noch »gesund« ist, ist generell fraglich. Das wird sich erst langfristig zeigen. Bereits heute fällt auf, dass bei Senioren-Wettkämpfen kaum frühere Profis vertreten sind. Auf der anderen Seite gibt es immer mehr Hundertjährige, die »Weltrekorde« in der Klasse »Ü-100« aufstellen. In dieser Klasse gibt es keine früheren Profis – hier finden sich Menschen, die erst im Alter von 70 Jahren und darüber mit ihrem Sport begonnen haben. Das könnte den Gedanken nahelegen, dass die Natur vielleicht nur ein bestimmtes Quantum an Hochleistung pro

Leben vorgesehen hat. Eine moderate Leistung dagegen, wie im Breiten- und Gesundheitssport sowie auch im vernünftig betriebenen Leistungssport, scheint lebenslang möglich zu sein.

Die fünf motorischen Hauptbeanspruchungsformen

Ein wichtiges biologisches Grundgesetz in der Sportmedizin lautet:

»Struktur und Leistungsfähigkeit eines Organs werden bestimmt vom Erbgut sowie von Qualität und Quantität der Beanspruchung.«

Die Qualität der Beanspruchung bezieht sich auf die fünf motorischen Hauptbeanspruchungsformen, die Quantität auf deren Intensität und Umfang im Trainingsprozess.
Für eine vernünftige Trainingsplanung muss man die fünf motorischen Hauptbeanspruchungsformen individuell und auf die Sportart bezogen zielgerichtet trainieren – und zwar:

- Ausdauer
- Kraft
- Schnelligkeit
- Technik
- Gelenkigkeit

Was ist eine »gute Kondition«?

Unter »Kondition« versteht man die sportartspezifische und individuelle Ausprägung der fünf motorischen Hauptbeanspruchungsformen.
So hat zum Beispiel im Fußball jeder Spieler eine anders zusammengesetzte »Kondition«: Die Außenläufer brauchen mehr Ausdauer, die Stürmer mehr Kraft und der Tormann mehr Gelenkigkeit. Die verschiedenen Beanspruchungsformen stellen auch jeweils unterschiedliche Anforderungen an die Ernährung.

Ausdauer

Für die Gesundheit am wichtigsten ist die Ausdauer (aerobe Kapazität), die sportmedizinisch anhand der maximalen Sauerstoffaufnahmefähigkeit (VO_2max) gemessen wird. Die Fähigkeit, Sauerstoff aufzunehmen, geht im Alterungsprozess kontinuierlich ab dem fünfundzwanzigsten Lebensjahr etwa um durchschnittlich ein Prozent pro Jahr zurück (siehe Abbildung Seite 25, oben). Dieser Prozess geht so allmählich vor sich, dass man ihn kaum bemerkt. Aber wenn man im Alter nur noch über die Hälfte der maximalen Sauerstoffaufnahmefähigkeit wie in der Jugend verfügt, merkt man das schon. Da man durch Ausdauertraining die maximale Sauerstoffaufnahmefähigkeit in jedem Lebensalter verdoppeln kann, stellt Ausdauertraining einen echten »Verjüngungsprozess« dar – und wirkt sich auch auf die Ernährung aus, denn man kann pro aufgenommenen Liter Sauerstoff etwa 5 Kilokalorien (kcal) verbrennen (siehe Tabelle Seite 25, unten). Je höher die maximale Sauerstoffaufnahmefähigkeit ist, desto größer ist die Energiemenge, die man beim sportlichen Training verausgaben kann. Das ist vor allem bei der Gewichtsabnahme wichtig.
Wichtige Punkte: Ausdauertraining erfordert das Training des Fettstoffwechsels mit reduzierter Kohlenhydrat-Zufuhr. Dagegen erhöhte Kohlenhydrat-Zufuhr im Leistungs- und Hochleistungssport sowie bei Ausdauer-Wettkämpfen.

Kraft

Die Muskulatur ist das größte Stoffwechselorgan. Daher ist Krafttraining auch für die Gesundheit sehr wichtig und kommt in seiner gesundheitlichen Bedeutung dem Ausdauertraining sehr nahe. Am besten ist es aber, sowohl die Ausdauerleistungsfähigkeit wie auch die Muskulatur zielgerichtet zu trainieren – aber getrennt voneinander. Außerdem hat es sich bewährt, die durch die ausgeübte Sportart beanspruchte Muskulatur durch ein sportartspezifisches Krafttraining zu trainieren (zum Beispiel im Radsport radsportspezifisches Krafttraining der Beine durch Radfahren, Spinning oder Ergometer-Training) und sich beim Krafttraining auf die bei der Ausübung der Sportart vernachlässigten Muskelpartien zu konzentrieren. Man spricht hierbei von Ausgleichstraining. Auch im Alter ist Krafttraining sehr wichtig, um dem altersbedingten Schwund der Muskulatur (Sarkopenie) entgegenzuwirken.

Wichtige Punkte: Krafttraining erfordert in der Ernährung Eiweißzulagen, möglichst in zeitlicher Nachbarschaft zum Training.

OBEN: Treppenlauf als Beispiel eines sportartspezifischen Krafttrainings für Läufer.

Schnelligkeit

Schnelligkeit ist für die Gesundheit völlig unwichtig. Daher kann man sich im Breiten- und Gesundheitssport Schnelligkeitstraining sparen. Auch sind 100-m-Läufe im Alterssport ohne gesundheitsfördernde Wirkung – im Gegenteil: Es besteht die Gefahr von Muskel- und Sehnenverletzungen sowie der Überforderung von Herz und Kreislauf.

Im Leistungs- und Hochleistungssport hingegen hat Schnelligkeit je nach Sportart eine unterschiedlich große Bedeutung.

Wichtige Punkte: Schnelligkeit erfordert hohe Konzentrationsfähigkeit und Muskelkraft. Beides wird durch Eiweißzulagen gefördert.

Technik (Koordination)

Hier wird vor allem das Zusammenspiel von Nervensystem und Muskulatur für einen bestimmten Bewegungsablauf trainiert. Das ist im Leistungs- und Hochleistungssport sehr wichtig, um Höchstleistungen zu erzielen. Im Breiten- und Gesundheitssport hat die Fähigkeit der Koordination und das Erlernen neuer Bewegungsabläufe ebenfalls eine große Bedeutung, besonders auch im Alter. Durch das Zusammenspiel zwischen Nervensystem und Muskulatur wird auch die Gehirntätigkeit verbessert.

Wichtige Punkte: Die für die Koordination notwendige Gehirntätigkeit kann man durch Eiweißzulagen (mit hirnaktiven Aminosäuren) und durch Omega-3-Fettsäuren (Fischöl, Krillöl) fördern.

Gelenkigkeit (Flexibilität)

Gelenkigkeit ist sowohl im Breiten- und Gesundheitssport als auch im Leistungs- und Hochleistungssport sehr wichtig. Es geht dabei darum, Bewegungsreserven zu schaffen und somit den Bewegungsablauf flüssiger und lockerer zu gestalten. Je mehr Bewegungsreserven man in den verschiedenen Gelenken hat, desto flüssiger und leichter ist der Bewegungsablauf. Gelenkigkeit (Flexibilität) kann am besten durch Ausgleichsgymnastik oder durch Yoga trainiert werden.

Wichtige Punkte: Für eine normale Funktion der Gelenke sind unter anderem auch Omega-3-Fettsäuren wichtig (Fischöl, Krillöl), die die Gelenksfunktion verbessern und Entzündungsvorgänge hemmen.

Sport ohne »Burn-out«

Das Burn-out-Syndrom ist zu einer Mode-Diagnose geworden. Das Schwierige dabei ist, dass es keinen medizinischen Messwert für dieses Syndrom gibt. Oftmals sind unter dem Mantel des Burn-out-Syndroms aber auch Zustände wie Erschöpfung, depressive Verstimmungen und echte Depressionen verborgen. Am besten hat es Otmar Hitzfeld definiert: »Mein Akku ist leer.« Die Frage ist dabei, was man unter diesem »Akku« versteht. Es geht nicht um die Auffüllung der Energiereserven durch die Ernährung. Was fehlt, ist die Lebenskraft in Gehirn und Rückenmark! Unser Akku ist mit Lebenskraft gefüllt – und er entleert sich, wenn die Lebenskraft schwindet. Das geschieht durch negative Energien im Umfeld (Ärger, Hass, Mobbing, negativer Stress) und die ständige Konzentration auf die Verausgabung der Lebensenergie, um eine immer höherer Leistung zu erreichen – und das alles, ohne auf die Regeneration der Lebensenergie zu achten. Wenn man beruflich schon durch Burn-out gefährdet ist – dann sollte man durch eine zu aggressive und intensive Sportausübung diese Neigung nicht noch fördern.

Ein Sportler sollte deswegen

- in einem sportfreundlichen Umfeld leben,
- die Trainingsbelastungen langsam nach dem Prinzip der Allmählichkeit (siehe unten) steigern und
- den Schwerpunkt nicht nur auf die Verausgabung der Energie legen, sondern auf eine bewusste Regeneration (siehe Seite 15), wozu auch die richtige Ernährung gehört.

Das Prinzip der Allmählichkeit

Der moderne Mensch ist zu »schnell«. Er hat keine Zeit und möchte alles möglichst rasch erreichen. Er muss – auch im Breiten- und Gesundheitssport – das wichtige Trainingsprinzip der Allmählichkeit lernen. Es geht der Legende nach auf den berühmten Athleten des Altertums, Milon von Kroton, zurück. Und da es ein Naturgesetz ist, gilt es auch heute noch. Milon soll als junger Mann jeden Tag ein Kalb auf seinen Schultern um das Stadion getragen haben. So allmählich, wie das Kalb größer wurde, nahmen seine Kräfte zu, bis er in der Lage war, den ausgewachsenen Ochsen auf seinen Schultern um das Stadion zu tragen. Aber heute, in unserer hektischen Zeit, will man gleich den Ochsen tragen. Das ist falsch und entspricht nicht den Naturgesetzen. Denn die Natur braucht nach wie vor ihre Zeit für die biologischen Anpassungen, die zu einer besseren sportlichen Leistung führen. Die Entwicklung eines Athleten mit Ausbildung aller Strukturen von Herz und Kreislauf, Stoffwechsel, Muskeln, Bändern und Gelenken dauert bei Profis im Durchschnitt 12 Jahre!
Auch die biologischen Anpassungsvorgänge im Breiten- und Gesundheitssport sowie im leistungsbetonten Freizeitsport brauchen Zeit und sollten nach dem Prinzip der Allmählichkeit langsam entwickelt werden.

Bewusste Regeneration

Jede körperliche Belastung verändert das innere Gleichgewicht (Homöostase) des Körpers. Diese Störung der inneren Regulationssysteme äußert sich subjektiv als Ermüdung. Man unterscheidet verschiedene Grade der Ermüdung bis hin zur Erschöpfung. Wissen sollte man, dass die aktuelle Belastbarkeit Schwankungen unterliegt. Die Ursache kann in äußeren Umständen (Beruf, Familie, Stress) wie auch in einer nicht abgeschlossenen Regeneration liegen. Das kann zur Folge haben, dass die gleiche Belastung einmal als mittlere und ein anderes Mal als zu starke Belastung empfunden werden kann. Darauf sollte der kundige Sportler intuitiv Rücksicht nehmen – und nicht jedes Mal das gleiche »Hammertraining« absolvieren.

MERKE:

1. Durch Training werden nicht nur die leistungsfördernden Systeme des Körpers trainiert, sondern auch die sich daran anschließenden regenerativen Prozesse. Das heißt: Je besser man trainiert ist, desto schneller kann man sich von Belastungen erholen!
2. Nicht die Belastung selbst, sondern die Geschwindigkeit der Regeneration ist die leistungsbegrenzende Größe, da das Training umso effektiver ist, je häufiger in der Phase der Überkompensation trainiert werden kann.

Zyklus der Superkompensation

Die biologische Grundlage jeder Leistungssteigerung im Sport ist der Zyklus der Superkompensation – die regelmäßige Abfolge von Belastung, Ermüdung, Regeneration und Superkompensation (Überkompensation).
Jede richtig dosierte Trainingsbelastung sollte zur Ermüdung führen, der sich die Regeneration anschließt, was wiederum zu einem Niveau der Überkompensation führt. Die Natur will dadurch erreichen, dass ein erneuter ähnlicher Reiz besser toleriert wird. Der Zustand der Überkompensation dauert etwa drei bis vier Tage. Daher sollte in diesem Zeitraum ein neuer Trainingsreiz erfolgen – am besten immer im Stadium der Superkompensation. Trainingsreize im Zustand der unvollständigen Erholung führen im Laufe der Zeit zum »Übertraining«, zur Leistungsminderung und vielleicht sogar zum Burn-out-Syndrom.
Daraus ergeben sich zwei logische Folgerungen:

1. Das Training muss an Intensität und Umfang entsprechend der allmählich zunehmenden Leistungsfähigkeit zunehmen, damit im Körper Vorgänge ausgelöst werden, die sich subjektiv als Ermüdung äußern.
2. Die Trainingsreize müssen häufig genug erfolgen, damit sie in die Phase der Überkompensation fallen. Nur so kommt der Organismus auf eine höhere Leistungsstufe.

ZYKLUS DER SUPERKOMPENSATION

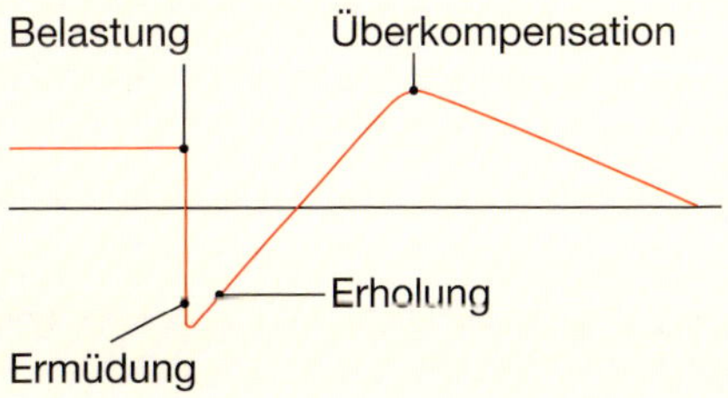

Regeneration und Ernährung

Die Regeneration beginnt bereits im Ausklang einer Trainingseinheit. Deswegen sollte man jede Trainingseinheit regenerativ ausklingen lassen. Danach sollte man das ganze Netz regenerativer Maßnahmen – also nicht nur die Ernährung – anwenden, um den Prozess der Regeneration zu beschleunigen (siehe Kasten).

Die »gute Form«

Das Ziel sportlicher Betätigung ist eine »gute Form«. Um ein Ziel zu erreichen, muss man wissen, was es beinhaltet. Doch das ist bei dem Begriff »gute Form« nicht so einfach zu formulieren. Denn man kann zwar die biologische Leistungsfähigkeit medizinisch messen – aber nicht die gute Form. Denn daran sind viele Faktoren beteiligt, wobei auch die Ernährung eine wichtige, wenn auch mehr sekundäre Rolle spielt.
Die Kennzeichen der »guten Form« (siehe unten) sind die äußeren Zeichen innerer Vorgänge, an denen ein richtig aufgebauter Trainingsprozess und die darauf abgestimmte bedarfsgerechte vollwertige Ernährung einen wichtigen Anteil haben. Man sollte durch eigenes Nachdenken versuchen, die Zusammenhänge immer besser zu verstehen und seine Erkenntnisse zunehmend intuitiv in Lebensweise, Regeneration und Ernährung einfließen lassen.

NETZ REGENERATIVER MASSNAHMEN IM SPORT

1. **Trainingsplanung und Trainingssteuerung**
   Ausdauer, Kraft, Schnelligkeit, Technik, Gelenkigkeit sowie Intensität und Umfang der Trainingsbelastungen
2. **Richtige Ernährung**
   Vollwertige, dem tatsächlichen Bedarf angepasste Ernährung mit Ausgleich aller fünf Ernährungsbilanzen (siehe Seite 23 ff.)
3. **Physikalische Maßnahmen**
   Massagen, Bäder, Sauna, Klimawechsel, Höhenaufenthalt
4. **Richtige Entspannung**
   Ausreichender Nachtschlaf, Entspannungsmethoden (autogenes Training, Yoga), sportfreundliche Umgebung (Familie, Beruf)

Kennzeichen der »guten Form«

- Gefühl des Wohlbefindens und der Energie, guter Appetit, gute Verdauung, ruhiger Schlaf.
- Alles fällt leicht: Man steht morgens leichter auf, fühlt sich fit, macht gerne Morgengymnastik (oder Yoga) und freut sich auf das Training.
- Es geht alles besser: Der Bewegungsablauf ist flüssiger, man fühlt sich unbeschwert, die Atmung fließt, das Training fällt leicht.
- Man hält sein Gewicht ohne Mühe konstant, Gewichtsverluste durch Training sind gering.
- Die Augen leuchten voller Energie. Die Gesichtshaut ist glatt, gut durchblutet und sieht gesund aus.
- Das Unterhautfettgewebe (Fettfalten) wird dünner.
- Der Schweiß fließt angenehm und warm. Hitze verträgt man gut.
- Die Gedanken sind friedlich, aufgeschlossen und heiter. Man hat gute Laune und Selbstvertrauen.

Aussagen einiger Radprofis über die »gute Form«:

- »Es ist gut gelaufen.«
- »Es lief mir gut.«
- »Das Rad fuhr wie von selbst. Ich musste nur noch lenken.«
- »Ich hatte Sonne in den Speichen.«
- »Man kommt einfach in den Flow.«

WO DIE ENERGIE HERKOMMT

Woher kommt die Energie, die man für das Leben und für seine sportlichen Aktivitäten braucht? Anders als viele Menschen zu glauben scheinen, muss man nicht ständig essen und trinken, um leistungsfähig zu sein – im Gegenteil. Wer ständig isst und trinkt, macht sich abhängig von der Nahrungszufuhr und verlernt es, von seinen inneren Energiereserven zu leben.
Der Mensch ist nämlich ein »Multi-Turbo«, der mehrere Energiequellen zur Verfügung hat, die er je nach Bedarf unterschiedlich nutzen kann. Neben der geistigen Energie – Begeisterung, Optimismus, Willenskraft – ist das die Energiegewinnung aus Kohlenhydraten und Fetten sowie im Notfall (Hungerzustand) auch aus Eiweißbausteinen (Aminosäuren). Betrachten wir zunächst die Energiespeicher, die die Natur im menschlichen Körper angelegt hat und je nach Trainingszustand umbaut und erweitert.

Die Energiespeicher

Energiereiche Phosphate

Die am schnellsten verfügbaren, am schnellsten verbrauchten und am schnellsten zu regenerierenden Energiequellen sind die sogenannten energiereichen Phosphate ATP (Adenosintriphosphat) und KP (Kreatinphosphat). Da diese Energiespeicher sehr schnell erneuert werden, können sie sehr klein sein, etwa in der Größenordnung von 5 Kilokalorien (kcal) bei »Normalpersonen« und von 6 bis 12 kcal bei Ausdauertrainierten. Sie werden auch als das »Kleingeld« der Energiegewinnung bezeichnet.

Kohlenhydratspeicher (Muskel- und Leberglykogen)

Die Speicherform der Kohlenhydrate im Muskel ist das Muskelglykogen, das bei »Normalpersonen« in der gesamten Muskulatur etwa 250 g beträgt, was einer Kohlenhydrat-Energiereserve von ca. 1000 kcal entspricht. Ein Ausdauersportler entwickelt die Fähigkeit, fast die doppelte Menge, nämlich ca. 400 g, in der Muskulatur zu speichern, was einer Energiemenge von ca. 1600 Kalorien (kcal) entspricht. Auch in der Leber speichert ein Ausdauersportler mehr Glykogen (ca. 120 g = 480 kcal) im Vergleich zum Nicht-Sportler (ca. 80 g = 320 kcal). Insgesamt hat also ein Ausdauertrainierter bei richtigem Training und richtiger Ernährung mehr als 2000 kcal an Kohlenhydrat-Energie zur Verfügung, der Nicht-Sportler nur etwas mehr als 1200 kcal. Ein Problem dabei ist allerdings, dass sich der Körper gegen die vollständige Erklärung der Glykogenspeicher sträubt:
Je geringer die Glykogenvorräte werden, desto schwieriger ist ihre Mobilisierbarkeit. Deswegen ist es ein Vorteil im Ausdauersport und auch bei allen intervallartigen Sportarten (Spielsportarten), wenn die Glykogenvorräte möglichst maximal gefüllt sind.

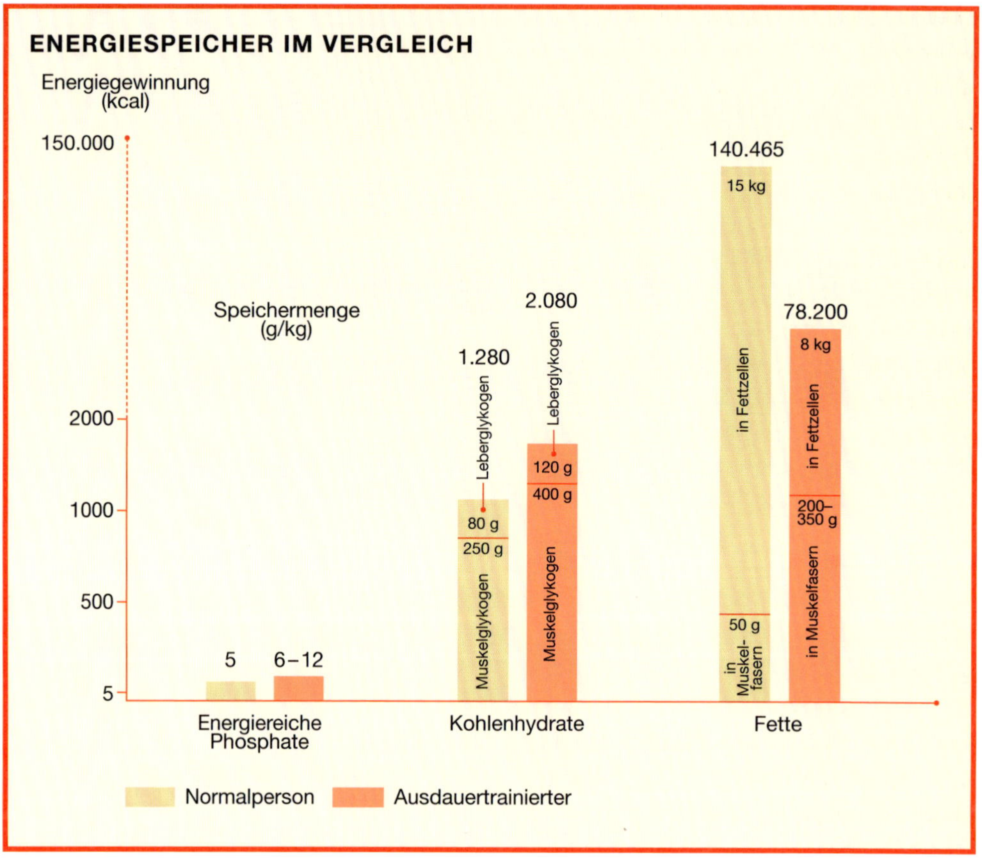

Fette

Noch interessanter wird es bei den Fetten – und zwar bei jenen Fetten (Triglyzeriden) in der Arbeitsmuskulatur des Ausdauertrainierten, die durch entsprechendes Ausdauertraining in 4- bis 6-fach (!) größerer Menge im Vergleich zum Nicht-Sportler in den Muskelfasern als direkt greifbare Energiespeicher angelegt werden. Das bedeutet, dass ein Ausdauertrainierter 200 bis 350 g Fett (Triglyzeride) direkt in den Muskelzellen eingelagert hat, was einer Energiereserve von 1800 bis 3200 kcal (!) entspricht. Der Nicht-Sportler verfügt in seinen Muskelzellen nur über 50 g Fett (entsprechend etwa 460 kcal). Wenn man ein richtiger Ausdauersportler werden will, sollte man sich überlegen, was sich die Natur dabei gedacht hat. Getrennt von der Fettspeicherung in den trainierten Ausdauer-Muskelfasern muss man die Fett-Reserven im Unterhautfettgewebe betrachten, die zwar auch zur Verfügung stehen, aber erst durch Abbauvorgänge mobilisiert und zu den Muskelfasern transportiert werden müssen.

Die **Fett-Energiereserven** des Menschen sind so groß, dass sie ca. 20 Marathonläufe am Stück energetisch versorgen könnten, wenn man durch Ausdauertraining gelernt hätte, diese Energiequellen hundertprozentig zu nutzen.

Obwohl Ausdauersportler meist mager sind, verfügen sie doch im Unterhautfettgewebe noch über eine Fettenergie-Reserve von ca. 8 kg, was etwa einer Energiereserve von 75.000 kcal entspricht (Mobilisierung und Transportarbeit bereits abgezogen). Beim Nicht-Sportler sind es vielleicht 15 kg (oder mehr) – entsprechend einer Energiereserve von ca. 140.000 kcal!

Es ist für den Sportler sehr nützlich zu erkennen, wie weise die Natur durch Verknüpfung verschiedener Stoffwechselwege die Energiefreisetzung aus diesen Energiespeichern reguliert. Die Fettenergie-Reserven dienen als schier unerschöpfliche Energiequelle und auch dazu, die für hochintensive Leistungen kostbaren Kohlenhydratreserven zu schonen.

Die Energiefreisetzung aus den Energie liefernden Substraten (Kohlenhydrate, Fette, Eiweiß) erfolgt unterschiedlich, je nachdem, wie schnell die Energie benötigt wird, und wie viel Sauerstoff zu ihrer Verbrennung (Oxidation) zur Verfügung steht. Im Wesentlichen kann man drei Stufen der Energiefreisetzung unterscheiden (siehe Abbildung rechts).

DIE STOFFWECHSELWEGE DER ENERGIEFREISETZUNG

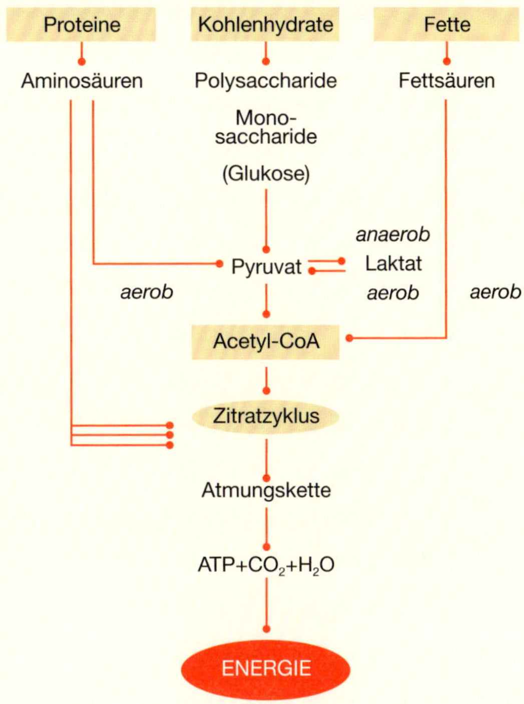

1. Stufe: Abbau der Nährstoffe oder ihrer Speicherform bis zur »aktivierten Essigsäure« (Acetyl-Coenzym A)

Den Abbau des Glykogens bis zur Glukose (Traubenzucker) bezeichnet man als Glykogenolyse. Den Abbau der Glukose bis zur Brenztraubensäure (Pyruvat) bezeichnet man als anaerobe Glykolyse (anaerob = ohne Sauerstoff), weil bis dahin kein Sauerstoff benötigt wird. Wenn an dieser Stelle zu wenig Sauerstoff zur Verfügung steht und eine »Sauerstoffschuld« eingegangen werden muss (wie zum Beispiel beim 400-m-Lauf), wird an die Brenztraubensäure Wasserstoff angelagert, sodass Milchsäure (Laktat) entsteht. Die Milchsäure wird entweder in nicht arbeitenden Muskeln oder in der Leber verwertet oder auch in der arbeitenden Muskulatur, nämlich dann, wenn sie wieder über genügend Sauerstoff verfügt. Die Milchsäure wird dann wieder in Brenztraubensäure zurückverwandelt und in der 2. Stufe (siehe Seite 20) vollständig abgebaut. Diesen vollständigen Abbau der Glukose mit Sauerstoff zu Kohlendioxid (CO_2) und Wasser (H_2O) bezeichnet man als aerobe Glykolyse (aerob = mit Sauerstoff).

Die Fette werden in Fettsäuren und Glyzerin gespalten (Lipolyse). In einem schrittweisen Spaltungsprozess (Beta-Oxidation) werden die Fettsäuren abgebaut und in den Zitratzyklus geschleust, in dem sie weiter verarbeitet werden. Eiweiß wird in Aminosäuren zerlegt, von denen einige in der Lage sind, in Glukose umgewandelt zu werden (glukoplastische Aminosäuren).

2. Stufe: Zitronensäurezyklus (Zitratzyklus)

Die aus Kohlenhydraten (Glykogen, Glukose) entstandene Brenztraubensäure wird nun, wenn genügend Sauerstoff zur Verfügung steht, in die sogenannte »aktivierte Essigsäure« (Acetyl-Co-enzym A) umgewandelt, die den Knotenpunkt zwischen Kohlenhydrat-, Fett- und Eiweißstoffwechsel darstellt. Sie ist eine Schlüsselsubstanz, die vorhanden sein muss, damit die Abbauprodukte aus dem Fettstoffwechsel (und auch aus dem Aminosäure-Stoffwechsel) in den Zitratzyklus eingeschleust werden können.
Wie es der Name sagt, stellt der Zitratzyklus einen Kreisprozess (Zyklus) dar, in dem die genannten Substrate schrittweise weiter verstoffwechselt werden, wobei als Endprodukte ATP und Wasserstoff freigesetzt werden. (Zur Erinnerung: ATP, eines der beiden energiereichen Phosphate – unsere kleinsten, aber am schnellsten zugänglichen Energiespeicher.)
Dieser Kreisprozess funktioniert aber nur, wenn genügend aktivierte Essigsäure (Acetyl-Coenzym A) vorhanden ist, die aus dem Abbau der Kohlenhydrate entsteht.
Kohlenhydrate sind also für die Funktion des Zitratzyklus und damit auch für den Abbau von Fettsäuren und Aminosäuren notwendig. Auf dieser Notwendigkeit beruht der Satz: »Fette verbrennen im Feuer der Kohlenhydrate.«
Wenn Kohlenhydrate vollkommen fehlen, funktioniert der Zitratzyklus nicht mehr, sodass sich die Abbauprodukte des Fettstoffwechsels (Ketonkörper) und des Aminosäurestoffwechsels vor dem Zitratzyklus stauen. Das führt zur Übersäuerung des Organismus (Ketose). Diese Vorgänge spielen sich im Hungerzustand und auch bei der Zuckerkrankheit (Diabetes mellitus) ab, wenn zu wenig Insulin vorhanden ist, das den Kohlenhydratstoffwechsel steuert.

3. Stufe: Atmungskette, Zellatmung

Schließlich werden in einer letzten Stufe die durch die verschiedenen Nährstoffe gelieferten Wasserstoffatome in einer treppenartigen Kettenreaktion mit Sauerstoff verbunden, der über die äußere Atmung bis in die Zellen hinein transportiert wird. Diese Kettenreaktion zwischen Wasserstoff und Sauerstoff ist so energiereich, dass sie im Reagenzglas zur Explosion führen würde, die als »Knallgasreaktion« bekannt ist – und auch als Raketentreibstoff benutzt wird. Die Reaktion 2 H (Wasserstoff) + O_2 (Sauerstoff) = H_2O (Wasser) liefert die Hauptenergiemenge in unserem Organismus, wobei die Vereinigung dieser beiden Elemente schrittweise in einem enzymgesteuerten Prozess in den »Kraftwerken der Zelle«, den Mitochondrien, stattfindet.

Funktionelle Energiefreisetzung – eine Frage der Ökonomie

Die Natur ist flexibel und kann sich an jede Situation anpassen – vor allem, wenn man diese Anpassungsfähigkeit durch Training gefördert hat. Richtig verstehen kann man die Natur aber nur, wenn man sie nicht nur statisch, sondern funktionell betrachtet. Das ist auch bei der Energielieferung durch die verschiedenen Nährstoffe der Fall.

Welche der zur Verfügung stehenden Nährstoffe in welchem Ausmaß zur Energiegewinnung herangezogen werden, hängt von folgenden Eigenschaften der Nährstoffe ab:

1. Energetische Flussrate (= Geschwindigkeit der Energiefreisetzung)
2. Energetisches Sauerstoffäquivalent (= Sauerstoffverbrauch bei der Energiefreisetzung)
3. Energetischer Nutzeffekt (Energiefreisetzung pro Volumen- oder Gewichtseinheit)

Energetische Flussrate

Sie besagt, wie schnell die Energie freigesetzt werden kann. Am schnellsten ist die Energiefreisetzung bei den energiereichen Phosphaten Adenosintriphosphat (ATP) und Kreatinphosphat (KP) möglich. Etwas langsamer ist die anaerobe Energiefreisetzung (ohne Sauerstoff), der anaeroben Glykolyse mit Bildung von Milchsäure (Laktat). Etwa um die Hälfte langsamer ist die Energiefreisetzung durch aerobe Glykolyse also durch oxidativen Abbau des Glykogens (mit Sauerstoff) oder der Glukose zu Kohlendioxid und Wasser. Und wiederum um die Hälfte langsamer geht die Energiefreisetzung aus dem oxidativen Abbau der Fettsäuren.

Das bedeutet:

Je intensiver die Leistung und je schneller die Energie benötigt wird, desto mehr muss die Energiegewinnung durch Kohlenhydrate erfolgen, weil sie über eine hohe Energieflussrate verfügen.

Energetisches Sauerstoffäquivalent

Die maximale Ausdauerleistungsfähigkeit ist durch die maximale Sauerstoffaufnahmefähigkeit (VO_2max) begrenzt. Je näher man durch Steigerung des Tempos (Intensität) an diese Grenze gelangt, desto wichtiger wird die Frage, wie viel Energie pro Liter Sauerstoff aus den Nährstoffen freigesetzt werden kann. So kann man aus Kohlenhydraten pro Liter Sauerstoff 5,05 kcal, aus Fetten durchschnittlich etwa 4,65 kcal und aus Eiweiß 4,48 kcal gewinnen. Das energetische Sauerstoffäquivalent ist also bei den Kohlenhydraten am günstigsten – und zwar, weil sie in ihrer Formel (Traubenzucker = $C_6H_{12}O_6$) pro Mol 6 Atome Sauerstoff (O_6) mitbringen. Das nimmt natürlich der Organismus gerne dankend an – solange der Vorrat reicht.

MERKE:

Da die Kohlenhydratvorräte (Muskel- und Leberglykogen) für Leistungen an der Grenze der maximalen Sauerstoffaufnahmefähigkeit (VO_2max) wegen ihres Sauerstoffgehaltes kostbare Energieträger darstellen, sind zwei Strategien wichtig:

1. Für Wettkämpfe (hohes Tempo) ist es günstig, wenn die Glykogenvorräte durch entsprechende Trainings- und Ernährungsmaßnahmen vergrößert und gut gefüllt werden (siehe Seite 29).
2. Ein durch entsprechendes Ausdauertraining gut trainierter Fettstoffwechsel ermöglicht es, die Glykogenreserven zu schonen, um sie dann für das hohe Tempo in Zwischenspurts, im Endspurt oder bei intervallartigen hochintensiven Belastungen (Spielsportarten) zur Verfügung zu haben.

Das bedeutet:

Je mehr sich die Leistung (Intensität) der maximalen Sauerstoffaufnahmefähigkeit (VO_2max) nähert, desto wichtiger werden die Kohlenhydrate als Energiespender.

Energetischer Nutzeffekt

Man weiß, dass der Energieinhalt von Kohlenhydraten bei 4,1 kcal/g, von Fetten bei 9,3 kcal/g und von Eiweiß bei 4,1 kcal/g liegt. Der energetische Nutzeffekt besagt, wie viel von dieser Energie tatsächlich beim Endprodukt der Energiegewinnung, dem Adenosintriphosphat (ATP), ankommt. Das sind bei den Fetten 43 %, bei der aeroben Glykolyse der Kohlenhydrate 42 % und bei der anaeroben Glykolyse mit Bildung von Milchsäure (Laktat) nur 32 %.

Platzbedarf

Entscheidend für den Nutzen der Energiespeicher ist auch die Frage, wie viel Platz sie im Körper beanspruchen, und zwar an Gewicht und Volumen. Dabei schneiden wieder die Fette am besten ab. Pro Gewichtseinheit liefern sie doppelt so viel Energie wie die Kohlenhydrate. Und das Volumen der Kohlenhydratspeicher ist bei gleicher Energiemenge sogar 8-mal (!) so groß wie das der Fette, weil 1 g Glykogen 2,7 g Wasser bindet. In der Natur wird uns das bei den Zugvögeln demonstriert, die mit ihrem unter den Flügeln gespeicherten »Flugfett« von Norwegen bis Afrika nonstop fliegen können. Hätten sie die gleiche Energiemenge in Form von Glykogen gespeichert, wäre das Volumen dieser Energiespeicher so groß, dass sie nicht mehr fliegen könnten.

Funktionelle Energiefreisetzung

Welche Wege der Energiefreisetzung der Organismus benutzt, hängt also von verschiedenen Faktoren ab, vor allem vom Ausdauertrainingszustand (Fettstoffwechsel), von der maximalen Sauerstoffaufnahmefähigkeit (VO_2max) und der Größe der Glykogenvorräte. Je näher die Intensität der Belastung an die maximale Sauerstoffaufnahmefähigkeit (VO_2max) heranreicht, desto mehr müssen Kohlenhydrate zur Energielieferung herangezogen werden, da sie bezogen auf den Sauerstoffverbrauch den größten Nutzeffekt und die höchste Energieflussrate haben. Anaerobe Belastungen sind sogar nur durch Kohlenhydrate möglich. Je moderater die Belastungsintensität wird, und je mehr Sauerstoff zur Verfügung steht, desto mehr können Fette zur Energiegewinnung herangezogen werden. Wenn man den Trainingsprozess intuitiv wahrnimmt und steuert, wird man auch ein Gefühl für die verschiedenen Stoffwechselwege entwickeln.

ZUM NACHDENKEN

Gut trainierte Marathonläufer laufen die ganze Strecke durch, ohne Verpflegung und ohne Nahrungsaufnahme (außer vielleicht Flüssigkeit bei hohen Temperaturen). Warum ist das so? Sie haben ausreichend Energie in ihrem Körper bei sich und haben gelernt, sie zu nutzen: höhere Glykogenvorräte – aber auch höhere Fettvorräte innerhalb der Muskelzellen, griffbereit neben den Mitochondrien. Absolut gesehen sind zwar Kohlenhydrate die ökonomischeren Energiequellen. Aber die Frage ist, ob sie wirklich funktionell ökonomischer sind als die in den Muskelzellen direkt griffbereit vorhandenen, durch Ausdauertraining erzeugten Fettreserven. Diese erfordern nämlich keine Transportarbeit, die man bei den rein rechnerisch »günstigeren« Kohlenhydraten dazurechnen muss. Dann erscheinen die intramuskulären Fettreserven in einem anderen Licht – und sind vielleicht günstiger als die rein rechnerisch »günstigeren« Kohlenhydrate – abzüglich Energieverlust durch Transportarbeit …

VOLLWERTIGE BEDARFSANGEPASSTE ERNÄHRUNG

Die Ernährung sollte dem tatsächlichen Bedarf angepasst sein und das innere Gleichgewicht (Homöostase) des Körpers möglichst schnell und möglichst optimal wiederherstellen. Verdauungssystem und Energiestoffwechsel haben sich in vielen Millionen Jahren im Gleichgewicht mit der Natur entwickelt. Das Angebot der Natur hat unser Verdauungssystem aufgebaut – und nicht umgekehrt. Und dieses Gleichgewicht kann der Mensch nicht innerhalb von einigen Jahrzehnten außer Kraft setzen, ohne Schaden zu erleiden.

Das Nahrungsangebot der Natur ist so komplex, dass jedes Nahrungsmittel alle zu seiner Verarbeitung notwendigen Nährstoffe mitbringt. Wenn man die Nahrungsmittel verändert, wird dieses Gleichgewicht gestört. Daher sollte man als gesundheitsbewusster und sportlich gesinnter Mensch vollwertige, naturbelassene Nahrungsmittel bevorzugen.

Ernährung ist weit mehr als nur die Aufnahme von Kalorien. Eine leistungsfördernde vollwertige Ernährung muss alle fünf Ernährungsbilanzen ausgeglichen gestalten:

1. Die Energiebilanz
2. Die Bilanz der Makronährstoffe (Kohlenhydrate, Fette, Eiweiß)
3. Die Bilanz der Vitamine
4. Die Bilanz der Mineralstoffe und Spurenelemente
5. Die Flüssigkeitsbilanz

Energiebilanz

Der Energiebedarf

Der Energiebedarf des Menschen ist sehr unterschiedlich – und er ist auch nicht jeden Tag gleich. Man muss ein Gefühl dafür entwickeln, wie viel Energie man verbraucht hat, und wie viel Energie die Nahrung liefert. Damit man dieses Gefühl entwickeln kann, sind bestimmte Kenntnisse notwendig. Die Energiebilanz des Menschen setzt sich aus folgenden vier Faktoren zusammen:

- Grundumsatz
- Leistungsumsatz
- Spezifisch-dynamische Wirkung der Makronährstoffe (Kohlenhydrate, Fette, Eiweiß)
- Verdauungsverlust

Grundumsatz

Unter Grundumsatz versteht man den Energieverbrauch eines entspannt liegenden Menschen. 40 % des Grundumsatzes dienen dazu, die körperlichen Funktionen von Herz, Kreislauf, Atmung, Nieren- und Hirntätigkeit aufrechtzuerhalten. 60 % dienen der Wärmeproduktion. Der Grundumsatz beträgt bei Männern 1 kcal pro Kilogramm Körpergewicht und Stunde – bei Frauen etwa 5 bis 10 % weniger, da sie infolge ihres dickeren Unterhautfettgewebes weniger

Wärme abgeben. Der Grundumsatz verringert sich beim Fasten und mit zunehmendem Lebensalter – und erhöht sich durch sportliche Aktivität infolge der gesteigerten regenerativen Prozesse (und auch bei Schilddrüsenüberfunktion). Der Grundumsatz bei einem 70 kg schweren jungen Mann beträgt ca. 1700 kcal, bei einer gleich schweren jungen Frau ca. 1500 kcal – bei älteren Menschen etwas weniger, bei körperlich aktiven Menschen etwas mehr.

Leistungsumsatz

Der Leistungsumsatz ist der durch körperliche Aktivität bedingte zusätzliche Energieverbrauch. Die Größe des Leistungsumsatzes hängt von Dauer und Intensität der Belastung sowie von der Größe der eingesetzten Muskelmasse ab. Die Skelettmuskulatur, die 40–50 % des Körpergewichtes ausmacht, kann bei entsprechender Leistung ihren Energiebedarf um mehr als das Zwanzigfache steigern. Den größten Einfluss hat die Intensität der Belastung, die im Ausdauerbereich dem Tempo entspricht und von der maximalen Sauerstoffaufnahmefähigkeit (VO_2max) abhängt.

TÄGLICHER ENERGIEBEDARF

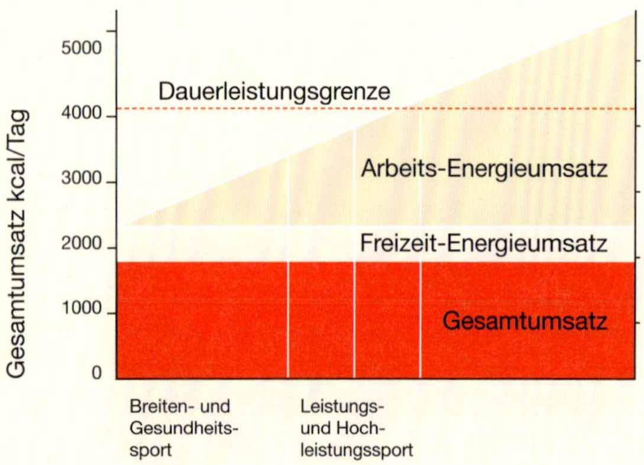

Spezifisch-dynamische Wirkung der Nährstoffe

Durch die Aufnahme von Nahrung und deren Verarbeitung werden Sauerstoffverbrauch und Energieumsatz gesteigert. Da sich diese Wirkung der Nährstoffe Kohlenhydrate, Fette und Eiweiß in einer unterschiedlichen Wärmeproduktion äußert, bezeichnet man diese Wirkung auch als »nahrungsinduzierte Thermogenese«, weil durch die Nährstoffe bedingte Stoffwechselsteigerung zu einer vermehrten Wärmebildung führt. Bei den Fetten beträgt diese Stoffwechselsteigerung 2 bis 4 %, bei den Kohlenhydraten 4 bis 7 % – beim Eiweiß aber 18 bis 20 % (!) des Brennwertes. Diesen Effekt kann man bei der Gewichtsabnahme nutzen.

Verdauungsverlust

Durch die Verdauungsarbeit, die der Körper zur Verarbeitung der Nährstoffe leisten muss, wird Energie verbraucht. Dieser Verdauungsverlust beträgt etwa 10 % der in der aufgenommenen Nahrung enthaltenen Energie.

Wie kann man seinen Energiebedarf schätzen?

Der gesamte Energiebedarf wird neben dem Grundumsatz, der sich wenig ändert, vor allem durch den Leistungsumsatz bestimmt, der je nach Intensität und Umfang der körperlichen Aktivität mehr oder minder stark schwanken kann (siehe Abbildung links).

Breiten- und Gesundheitssport

Der Energieverbrauch im Breiten- und Gesundheitssport wird überschätzt. Wenn man zum Beispiel dreimal pro Woche 30 Minuten Ausdauersport in moderatem Tempo betreibt, verbraucht man dabei vielleicht 200 bis 300 Kalorien pro Trainingseinheit – mehr nicht. Das sind pro Tag umgerechnet gerade einmal 30 bis 40 Kalorien.

MAXIMALE SAUERSTOFFAUFNAHMEFÄHIGKEIT IM LAUFE DES LEBENS

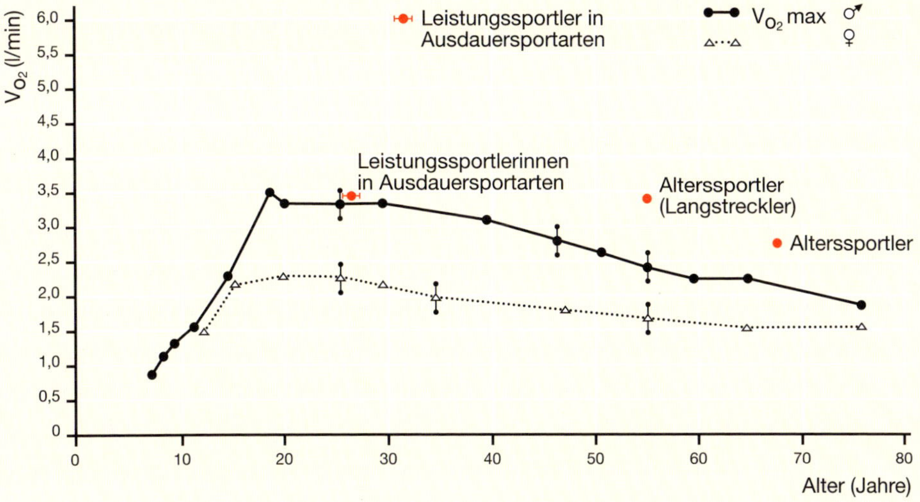

Viele mögen sich nun fragen, ob sich das lohnt. Es lohnt sich nur dann, wenn der Energieverbrauch nicht das einzige Motiv ist. Denn Gesundheits- und Breitensport hat viele andere gesundheitsfördernde Wirkungen, um die es eigentlich geht. In Bezug auf die Ernährung erreicht man vor allem eine Appetitregulierung und eine Förderung des Fettstoffwechsels. Außerdem wird das Bewusstsein für eine gesunde Ernährung sensibilisiert. Man erreicht, dass einem auch wirklich schmeckt, was »gesund« ist. Zudem wird der Grundumsatz durch die körperliche Aktivität erhöht. Es ist die Summe aller dieser Faktoren, die den Nutzen des Breiten- und Gesundheitssports ausmacht und vor allem auch die Gewichtsabnahme unterstützt.

Leistungs- und Hochleistungssport

Wie viel Energie ein Sportler im Training oder Wettkampf verbraucht, hängt von der Größe der eingesetzten Muskelmasse, vom Trainingszustand und seiner maximalen Sauerstoffaufnahmefähigkeit (VO_2max) ab. Vor allem letztere bestimmt, wie viel Energie langfristig maximal freigesetzt werden kann; denn pro Liter aufgenommenen Sauerstoffs kann man ca. 5 kcal verbrennen. Die maximale Sauerstoffaufnahmefähigkeit ist abhängig vom Lebensalter und vom jeweiligen Ausdauertrainingszustand (siehe Abbildung oben).

SAUERSTOFFAUFNAHME UND ENERGIEVERBRAUCH

Maximale Sauerstoff aufnahmefähigkeit (V_{O_2} max.) pro Min. l O_2/min	Belastungs-intensität % V_{O_2} max.	Energievebrauch pro Stunde kcal	kJ
2,2	100%	660	2762
	70%	462	1934
3,3	100%	990	4144
	70%	693	4144
5,0	100%	1500	6278
	85%	1275	5337
	70%	1050	4395
6,0	100%	1800	7534
	85%	1530	6404
	70%	1260	5274

OBEN: Bei der Tour de France benötigen die Fahrer bis zu 8000 kcal am Tag.

Außerdem muss man berücksichtigen, dass man auf Dauer im Breiten- und Gesundheitssport nur etwa zwei Drittel seiner maximalen Sauerstoffaufnahmefähigkeit ausnutzen kann, ein Hochleistungssportler (Radprofi) 80 bis 90 %. Daraus ergeben sich ganz unterschiedliche Leistungsumsätze – in einer Schwankungsbreite von 500 bis 1500 Kalorien pro Stunde (siehe Tabelle Seite 25 unten)!
So wird ein Leistungs- und Hochleistungssportler ca. 4000 bis 6000 Kalorien pro Tag benötigen, in Ausnahmefällen, wie beim Triathlon oder bei der Tour de France, sogar bis zu 8000 kcal. Um diesen hohen Energieverbrauch zu decken, benötigen Hochleistungssportler manchmal besondere Ernährungsstrategien – die man aber nicht auf den Breiten- und Gesundheitssport übertragen kann und soll! Außerdem ist ein so hoher Energieverbrauch nur mit einer hohen Kapazität des Verdauungssystems möglich. Etappenradrennfahrer brauchen die Fähigkeit, 6000 bis 8000 Kalorien und zusätzlich 6 bis 8 l Flüssigkeit zu sich zu nehmen, dann noch sportliche Höchstleistungen zu vollbringen – und sich bis zum nächsten Tag vollständig zu regenerieren, um die gleichen Strapazen erneut auf sich zu nehmen. Man wird ohne Weiteres einsehen, dass das Umstände sind, die man nicht auf den Breiten- und Gesundheitssport übertragen kann.

Körpergewicht kontrollieren

Weder Ernährungswissenschaftler noch Sportler essen mit Nahrungsmitteltabellen und Waage griffbereit. Die Nahrungsaufnahme wird überwiegend durch den Appetit und das körperliche Befinden reguliert. Appetit ist gewissermaßen Sympathie für bestimmte Nahrungsmittel, ein Gefühl, das normalerweise durch den tatsächlichen Bedarf entsteht. Es kann aber auch durch Erkenntnisse der Ernährungslehre in die richtige Richtung gelenkt werden. Nach stärkeren körperlichen Belastungen kann es auch sein, dass man nicht Appetit genug hat, um die verausgabte Energie sofort wieder bedarfsgerecht durch die Ernährung zuzuführen. Das muss auch nicht sein; denn man bewegt sich in der Ernährung sowieso von einem Mangel zum anderen – weil keine Mahlzeit immer alles enthält, was der Körper braucht. Aber langfristig sollte die Bilanz der Energie dann schon ausgeglichen sein. Das erkennt man am einfachsten am Körpergewicht. Wenn die Energiebilanz ausgeglichen ist, bleibt es konstant. Ein Sportler sollte sich daher täglich wiegen, am besten morgens nüchtern, weil das Körpergewicht im

Laufe des Tages je nach Trainingsbelastung und Nahrungsaufnahme erheblich schwanken kann. Im Leistungs- und Hochleistungssport wird das Gewicht, mit dem die besten Wettkampfleistungen erzielt werden, als »Wettkampfgewicht« bezeichnet. Meistens kann man es nur kurzfristig halten. Das durchschnittliche Körpergewicht liegt im Regelfall 1–2 kg darüber.

Im Breiten- und Gesundheitssport geht es meist mehr darum, Übergewicht abzubauen. Dazu muss die Energiebilanz negativ gestaltet werden (siehe Seite 52).

Makronährstoffe

- Kohlenhydrate
- Fette
- Eiweiß

Kohlenhydrate

Allgemeine Bedeutung

Kohlenhydrate sind die am meisten verbreiteten organischen Stoffe der Erde. Sie werden durch Pflanzen unter Verwendung der Sonnenenergie aus Kohlenstoff (C) und Wasser (H_2O) erzeugt und zwar in einer Größenordnung von 200 Milliarden Tonnen pro Jahr! Das ist mehr als die jährliche Gesamtproduktion von Erdgas, Kohle und Erdöl zusammen.

In den Kohlenhydraten kommt chemisch auf ein Kohlenstoffatom (C) jeweils ein Molekül Wasser (H_2O). Für den Sportler wichtig ist, dass Kohlenhydrate in ihrer Grundformel $C_6H_{12}O_6$ (Traubenzucker) 6 Atome Sauerstoff (O) mitbringen, die bei der Oxidation (Verbrennung) zur Verfügung stehen, sodass weniger Sauerstoff von außen zugeführt werden muss als bei der Verbrennung von Fetten oder Eiweiß. Darauf beruht der Vorteil der Kohlenhydrate und

WICHTIGE KOHLENHYDRATSTRUKTUREN

Name	Anzahl der Bausteine	Wichtige Vertreter
Monosaccharide (Einfachzucker)		 Glukose (Traubenzucker  Fruktose (Fruchtzucker)  Galaktose (Schleimzucker)
Disaccharide (Zweifachzucker)		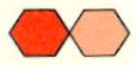 Saccharose (Rohr-, Rübenzucker)  Laktose (Milchzucker)  Maltose (Malzzucker)
Oligosaccharide (Mehrfachzucker)	 bis 10	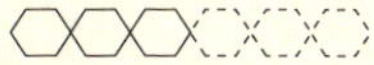 für die menschliche Ernährung von geringer Bedeutung
Polysaccharide (Mehrfachzucker oder Vielfachzucker)	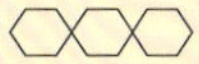 mehr als 10 bis mehrere 100 000	 Amylopektin  Amylose – Stärke (pflanzlich)  Glykogen (tierisch)

ihrer Speicherform (Glykogen) als ökonomische Energiespender (siehe Seite 22).

Im Belastungsstoffwechsel des Sportlers haben Kohlenhydrate zwei wesentliche Vorteile:

1. Energie aus Kohlenhydraten kann anaerob (ohne Sauerstoff) viermal so schnell und aerob (mit Sauerstoff) doppelt so schnell freigesetzt werden wie Energie aus dem Fettstoffwechsel. Kohlenhydrate liefern also schnelle Energie.
2. Ihre Verbrennung (Oxidation) liefert pro Liter aufgenommenen Sauerstoffs durchschnittlich 8,6 % mehr Energie als die Oxidation von Fettsäuren. Kohlenhydrate liefern also nicht nur schnelle, sondern auch ökonomische Energie.

Aufbau

Die Grundbausteine der Kohlenhydrate (siehe Abbildung Seite 27) sind die Einfachzucker (Monosaccharide), deren wichtigste Vertreter Traubenzucker (Glukose), Fruchtzucker (Fruktose) und die Galaktose (Bestandteil des Milchzuckers) sind.
Wenn sich zwei Einfachzucker verbinden, entsteht ein Zweifachzucker (Disaccharid) wie zum Beispiel Haushaltszucker oder Rohrzucker (Saccharose), Malzzucker (Maltose) und Milchzucker (Laktose).
Die komplexeren Zucker sind die Oligosaccharide, die aus 3 bis 10 Einfachzuckern bestehen, und die Polysaccharide, die aus mehr als 10 bis 100.000 Einfachzuckern zusammengesetzt sind. Diese Mehrfachzuckerverbindungen gibt es in Formen, die für den menschlichen Darm verdaulich sind, wie die pflanzliche Stärke und die tierische Stärke (Glykogen) – und es gibt Formen, die für den menschlichen Darm unverdaulich, aber für die Darmtätigkeit als Ballaststoffe notwendig sind.
Die beiden wichtigsten Substanzen im Kohlenhydratstoffwechsel sind die Glukose (Traubenzucker) und ihre Speicherform, das Glykogen in Leber und Muskulatur. Das Glykogen besteht aus einer großen Zahl von Traubenzuckermolekülen (Glukose), die in verzweigten Ketten aufgebaut sind. Traubenzucker ist der wichtigste im Blut vorhandene Zucker, wobei der Blutspiegel weitgehend zwischen 80 und 120 mg pro 100 ml Blut (mg %) konstant gehalten wird, indem das Leberglykogen kontinuierlich Glukosemoleküle ins Blut abgibt. Die Blutglukose dient dem Organismus als schnell verfügbare Energiequelle für alle Organe und Gewebe. Bei Glukosemangel kann der Energiebedarf ebenso aus Fetten und im Notfall auch aus Eiweißbausteinen (Aminosäuren) gedeckt werden. Nur das zentrale Nervensystem (Gehirn und Rückenmark), die roten Blutkörperchen (Erythrozyten) und das Nebennierenmark (Bildung der Stresshormone) sind bei der Energiegewinnung ausschließlich auf Glukose angewiesen. Der tägliche Glukosebedarf von Gehirn und Rückenmark liegt bei ca. 100 bis 150 g.

Kohlenhydratminimum

Im Hungerzustand oder bei starker Drosselung der Kohlenhydratzufuhr werden die Kohlenhydratvorräte des Körpers (Muskel- und Leberglykogen) je nach körperlicher Belastung in wenigen Stunden bis Tagen mehr oder minder stark verbraucht. Zur energetischen Versorgung der glukoseabhängigen Organe wird dann neue Glukose (Glukoneogenese) aus körpereigenem Eiweiß (Muskulatur) gebildet. Ein Teil des Energiebedarfs kann bei zunehmender Gewöhnung an den Hungerzustand auch durch Verwertung von sauren Abbauprodukten der Fettsäuren (Ketonkörper) gedeckt werden, die im Zitratzyklus (siehe Seite 20) weiter verstoffwechselt werden. Voraussetzung ist allerdings, dass der Zitratzyklus durch ein Minimum an Kohlenhydraten funktionsfähig gehalten wird. Dieses Kohlenhydratminimum beträgt 40 bis 50 g pro Tag.

»Hungerast«

Der sogenannte Hungerast des Sportlers beruht auf einem Absinken des Blutzuckerspiegels. Das Leberglykogen gibt zwar kontinuierlich Traubenzuckermoleküle an das Blut ab, um den Blutzuckerspiegel auf einem gleichmäßigen Niveau zu halten. Bei sportlichen Belastungen bedient sich der Muskel zunächst des in ihm gespeicherten Muskelglykogens. Wenn das Muskelglykogen zur Neige geht, nimmt er sich die für seinen Energiestoffwechsel notwendigen Traubenzucker-Moleküle aus dem Blutzucker. Da die Blutzuckermenge insgesamt gering ist, sinkt der Blutzuckerspiegel bei Fortsetzung der Belastung ab, was für das zentrale Nervensystem eine Art Alarmzustand bedeutet. Dabei treten Symptome auf, die man im allgemeinen Sprachgebrauch als »Unterzucker« (Hypoglykämie) und in Sportlerkreisen als »Hungerast« bezeichnet. Dieser Zustand ist gekennzeichnet durch plötzliches Hungergefühl, Kraftlosigkeit, Schwindel, kalten Schweißausbruch, Zittrigkeit und Schwarzwerden vor den Augen. Er kann bereits durch geringe Kohlenhydratmengen (zum Beispiel Trockenfeigen, Banane, Kekse, Energie-Riegel) relativ schnell beseitigt werden. Der »Hungerast« tritt vor allem bei (noch) gering ausdauertrainierten Sportlern (meistens im Frühjahrstraining) auf, bei denen die Nutzung des Fettstoffwechsels noch nicht ausreichend entwickelt wurde, sodass die Energie ausschließlich durch den Abbau von Muskel- und Leberglykogen gewonnen wird. Dadurch werden diese Speicher schneller entleert – und der Blutzuckerspiegel sinkt. Wenn der Fettstoffwechsel aber durch fortgesetztes Ausdauertraining allmählich »erwacht«, wird das Muskel- und Leberglykogen weitgehend geschont, sodass der »Hungerast« nicht mehr auftritt.

Muskelglykogenspeicher vergrößern

Die Größe der Muskelglykogenspeicher hängt von der vorausgegangenen körperlichen Belastung und der nachfolgenden Ernährung ab. Bei normaler Mischkost enthält ein Muskel durchschnittlich 1,5 g Glykogen pro 100 g Muskelgewebe, bei kohlenhydratreicher Kost bis 2,0 g. Wenn man jedoch vorher durch eine intensive Ausdauerbelastung die Glykogenspeicher entleert und sie dann durch eine kohlenhydratreiche Ernährung wieder auffüllt, macht man sich das Prinzip der Superkompensation zunutze, das heißt, die Muskeln lagern dann mehr Glykogen ein als vorher. Bei normaler Mischkost dauert es etwa 48 Stunden, bis die Glykogenspeicher wieder aufgefüllt sind. Bei kohlenhydratreicher Kost können die Glykogenspeicher jedoch bereits innerhalb von 24 Stunden wieder ihr Ausgangsniveau erreichen und werden bei Fortsetzung dieser kohlenhydratreichen Ernährung bis auf 2,5 bis 3,0 Gramm Glykogen pro 100 g Muskelgewebe angehoben. Daraus folgt, dass man nach jeder intensiven Ausdauerbelastung bereits in den ersten Stunden reichlich Kohlenhydrate zu sich nehmen sollte. Auf

MUSKELGLYKOGENVORRÄTE VERGRÖSSERN

Man kann die Bedeutung der vorausgehenden Ausdauerbelastung durch einen einbeinigen Ergometertest beweisen. Wenn man auf dem Ergometer durch Belastung nur eines Beines den Muskelglykogengehalt dieses Beines entleert – und sich im Anschluss kohlenhydratreich ernährt – wird der Muskelglykogengehalt nur im vorher belasteten Bein verdoppelt, im anderen nicht (siehe Abbildung unten). Es ist also nicht die Ernährung allein, die die Muskelglykogenvorräte vergrößert, sondern das Zusammenspiel einer vorausgehenden Ausdauerbelastung mit nachfolgender Kohlenhydratzufuhr.

ERGOMETERTEST

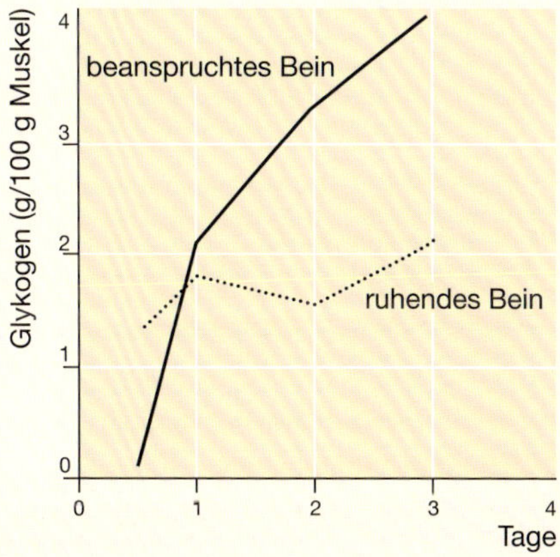

diese Weise kann man eine Verdoppelung der Glykogenvorräte erreichen und über eine Kohlenhydratreserve von 400–500 g Glykogen verfügen – ein sehr wesentlicher Vorteil im Leistungs- und Hochleistungssport und auch im leistungsbetonten Freizeitsport.

Insulin

Kohlenhydratzufuhr führt zu einem Anstieg des Insulins, des Hormons der Bauchspeicheldrüse, das den Blutzuckerspiegel reguliert. Die Höhe der Insulinausschüttung wird von der Menge und Art der Kohlenhydrate bestimmt. Der Glykämische Index (GI) der Kohlenhydrate drückt aus, wie stark der Blutzucker ansteigt, wenn man 50 g Kohlenhydrate in Form eines bestimmten Nahrungsmittels zu sich nimmt.
Je stärker der Blutzucker ansteigt, desto mehr Insulin wird benötigt. So braucht der Körper bei der gleichen Menge an Kohlenhydraten zum Beispiel aus Weißmehl mehr als doppelt so viel Insulin wie bei der aus Äpfeln, Vollkornprodukten oder Nudeln »al dente«, um den Blutzucker zu regulieren.
Der Glykämische Index (GI) (siehe Tabelle) kohlenhydrathaltiger Nahrungsmittel lässt folgende Schlussfolgerungen zu:

- Kohlenhydrate mit einem Glykämischen Index (GI) über 70 »schießen« ins Blut, zum Beispiel Zucker, Coca-Cola, Limonaden, süße Schokolade, weißer Reis, Kartoffeln, Weißbrot, Kekse, Kuchen, Torte – und führen zu einem starken Anstieg des Insulins.
- Kohlenhydrate mit einem Glykämischen Index (GI) von 50 bis 70 »fließen« oder »strömen« ins Blut, zum Beispiel Langkornreis, Nudeln (weich gekocht), Bananen – und führen zu einem mittleren Anstieg des Insulins.
- Kohlenhydrate mit einem Glykämischen Index (GI) unter 50 »sickern« ins Blut, zum Beispiel Parboiled-Reis, Wildreis, Vollkornteigwaren, Pasta al dente, Haferflocken, Müsli (ohne Zucker), Milchprodukte, Obst, Hülsenfrüchte, Rohkost, Gemüse – und führen zu einem geringen Anstieg des Insulins.

GLYKÄMISCHER INDEX (GI) VERSCHIEDENER NAHRUNGSMITTEL

Traubenzucker (Glukose)	100
Weißbrot	95
Kartoffeln, gekocht	85
Roggenbrot	76
Zucker (Saccharose)	72
Weißer Reis	70
Schokolade	70
Coca Cola, Limonade	70
Pasta, weich gekocht	55
Parboiled Reis	48
Weintrauben	45
Apfelsaft	40
Haferflocken, Müsli	40
Pasta »al dente«	40
Vollkornteigwaren	40
Apfel	38
Wildreis	35
Feigen	35
Bitterschokolade	22

Insulin – ein Masthormon

Dass Insulin den Blutzucker regelt, weiß fast jeder – aber nicht jeder weiß, dass Insulin früher in der Viehzucht als Masthormon verwendet wurde. Denn Insulin schleust nicht nur den Blutzucker in die Zellen hinein – sondern auch Fette in die Fettzellen! Daher fördert jeder Insulinanstieg auch die Einlagerung von Fetten in die Fettzellen. Deswegen steigern vor allem Kohlenhydrate, die ins Blut »schießen« (und

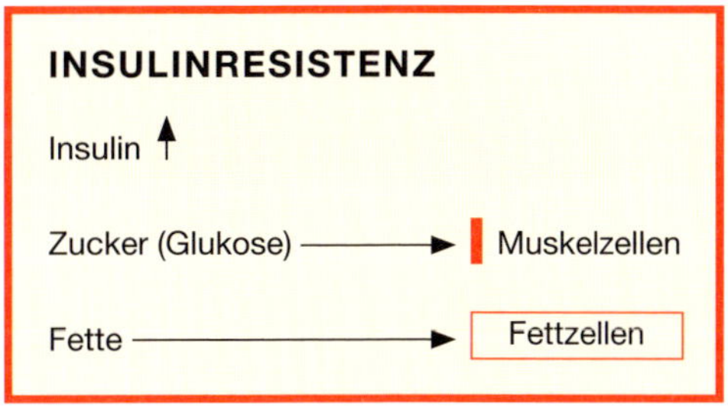

damit den Insulinspiegel deutlich erhöhen) den Fettansatz, fördern Übergewicht und verhindern eine Gewichtsabnahme.

Insulinresistenz vermindern

Ein hoher Insulinspiegel wird zusätzlich durch die sogenannte Insulinresistenz erzeugt, die relativ häufig ist. Dabei handelt es sich um eine genetische Veranlagung, die in der Steinzeit überlebenswichtig war, in der heutigen Zivilisation aber lebensverkürzend wirkt. In der Steinzeit hatten jene Menschen einen Überlebensvorteil, die bei einer Mahlzeit möglichst viel Fett ansetzen konnten; denn Mahlzeiten gab es damals nicht so regelmäßig wie heute. Menschen mit einer gewissen Insulinresistenz hatten also bessere Überlebenschancen, sodass sich diese Veranlagung an die Nachkommen weitervererbte. Eine Resistenz gegen die Insulinwirkung bedeutet, dass die Zellen weniger sensibel auf Insulin reagieren, und der Körper deswegen mehr Insulin benötigt, um die gleiche Wirkung auf den Blutzucker zu erreichen. Durch den dazu notwendigen erhöhten Insulinspiegel werden aber nun auch vermehrt Fette in die Fettzellen eingeschleust (siehe Abbildung oben) – damals ein überlebenswichtiger Vorteil, heute jedoch die häufigste Ursache von Übergewicht.
Dazu kommt noch: Die genetische Veranlagung der Insulinresistenz wird durch eine bewegungsarme Lebensweise verstärkt. Die frohe Botschaft ist aber, dass sie durch körperliche Aktivität vermindert wird. Die Muskelzellen werden wieder sensibler für die Insulinwirkung. So haben Marathonläufer einen niedrigeren Insulinspiegel als die sogenannten »Normalpersonen«. Das ist ein Grund dafür, dass durch körperliche Aktivität eine Gewichtsabnahme erleichtert wird.

Optimale Kohlenhydratlieferanten

Im **Breiten- und Gesundheitssport** geht es darum, sich gesund zu ernähren, Übergewicht abzubauen oder das Körpergewicht im Normbereich zu halten. Das gelingt am besten, wenn man Kohlenhydrate prinzipiell reduziert und Nahrungsmittel bevorzugt, die nicht zu einem wesentlichen Anstieg des Insulinspiegels führen. Außerdem sollten die Kohlenhydrate »vollwertig« sein, das heißt, alle zu ihrer Verarbeitung notwendigen Begleitstoffe (Vitamine, Spurenelemente, Pflanzenstoffe) enthalten.

Beispiele für hochwertige Kohlenhydratspender

- Getreidekörner (Weizen, Roggen, Hafer, Buchweizen, Gerste, Hirse), Naturreis (auch Parboiled-Reis), Wildreis, Vollkornprodukte (Vollkornbrot, Vollkornkekse, Haferkekse, Vollkornpfannkuchen) eventuell aufgewertet mit Weizenkeimen (siehe Kasten Seite 32)
- Frühstücksflocken (ohne Zucker), Haferflocken, Weizenflocken, Müsli (ohne Zucker) eventuell aufgewertet mit Weizenkeimen
- Teigwaren aus Hartweizen (Spaghetti, Makkaroni, andere Nudeln)
- Kartoffeln
- Hülsenfrüchte (Erbsen, Bohnen, Linsen)

Im **Leistungs- und Hochleistungssport** gelten die gleichen Empfehlungen. Nur wenn das Nahrungsvolumen zu groß wird (z.B. bei Etappenradrennen) oder wenn schnell verfügbare Kohlenhydrate benötigt werden (zum Beispiel während eines Wettkampfes), sind Kohlenhydrate mit einem hohen oder mittleren glykämischen Index (GI) angezeigt (siehe Tabelle Seite 30).

Fette

Allgemeine Bedeutung

In der Zivilisationskost werden meist über 40 % der Energie (über 40 kcal%) durch Zufuhr von Fett gedeckt. Wenn es die richtigen Fette sind, hat das keine gesundheitlichen Folgen – aber wenn es die falschen sind, schon. Studien zeigen, dass es gesünder ist, den Anteil der Kohlenhydrate zu vermindern und stattdessen den Anteil der (richtigen) Fette zu erhöhen. Fette sind eine konzentrierte Energiequelle, da sie im Vergleich zu Kohlenhydraten und Proteinen pro Gramm mehr als doppelt so viel Energie liefern (9,3 kcal/g). Außerdem sind Strukturfette wichtige Bausteine aller Zellwände (Zellmembranen). Schließlich nimmt man mit den Nahrungsfetten auch die fettlöslichen Vitamine A, D, E, K und essenzielle Fettsäuren (Linolsäure und Alpha-Linolensäure) auf.

IST VOLLKORN IMMER »VOLLKORN«?

Das volle Getreidekorn besteht aus dem inneren Mehlkörper, der umgebenden Schale und dem Keim. Man möchte annehmen, dass »Vollkornbrot« immer das volle Korn mit Keim enthält, wie es der Name sagt. Dem ist aber nicht so. Bäcker beziehen heutzutage das fertige Backmehl meist vom Müller, der allerdings meistens den Keim von den Getreidekörnern entfernt. Denn mit Keim würde das Mehl wegen des hohen Anteils ungesättigter Fettsäuren im Keim schnell ranzig werden. Im Keim sind aber die meisten Vitalstoffe enthalten (siehe Seite 59), sodass eigentlich diese Vollkornprodukte ohne Keim nicht mehr »vollwertig« im wahren Sinne sind.
Man hat nun zwei Möglichkeiten:

- Man bezieht seine Vollkornprodukte vom **Bio-Bäcker**, der in seiner Backstube mit der eigenen Getreidemühle das volle Korn mit Keim mahlt und daraus sofort seine Vollkornprodukte herstellt.
- Man kauft sich im Reformhaus **Weizenkeime**, die Vollkornprodukte ohne Keim zur Vollwertigkeit ergänzen (siehe auch Rezept Seite 140).

Aufbau

Unter den Fetten (Lipide) ist eine ganze Gruppe chemisch sehr unterschiedlicher Substanzen zusammengefasst, deren gemeinsame Eigenschaft darin besteht, dass sie nicht wasserlöslich sind. Die eigentlichen Fette sind Verbindungen aus einem Molekül Glyzerin, das mit drei Fettsäuren verestert ist (daher der Name Triglyzeride oder Neutralfette). Die die Triglyzeride aufbauenden Fettsäuren teilt man nach ihrer Kettenlänge (kurzkettig, mittelkettig, langkettig) und nach der Zahl ihrer Doppelbindungen (gesättigt, einfach und mehrfach ungesättigt) ein. Sind alle Doppelbindungen zwischen zwei Kohlenstoffatomen geöffnet und mit Wasserstoff »gesättigt«, spricht man von einer gesättigten Fettsäure, während ungesättigte Fettsäuren eine oder mehrere Doppelbindungen enthalten. Von größter biologischer Bedeutung sind die **mehrfach ungesättigten Fettsäuren** (MUFA), deren wichtigste die Linolsäure ist, eine essenzielle Fettsäure, die der Körper nicht selbst herstellen kann (früher als Vitamin F bezeichnet). Je mehr ungesättigte Fettsäuren ein Fett enthält, desto flüssiger ist es. Die pflanzlichen Öle sind wegen ihrer zahlreichen Doppelbindungen flüssig und leicht oxidierbar. Sie würden schnell ranzig werden, wenn sie nicht gleichzeitig Stoffe enthalten würden, die sie vor der Oxidation schützen, nämlich Vitamin E als Antioxidans und reichlich sekundäre Pflanzenstoffe (Flavone, Flavonoide und viele andere).

Die wichtigste **einfach ungesättigte Fettsäure** unserer Nahrung ist die Ölsäure. Sie senkt signifikant den Cholesterinspiegel im Blut, vor allem auch das gefährliche (da leicht oxidierbare) LDL-Cholesterin. Einfach ungesättigte Fettsäuren weisen nur eine einzige Doppelbindung auf und sind daher weniger anfällig gegen Oxidation. Der Hauptlieferant für Ölsäure ist **Olivenöl** (55 bis 83 % Ölsäure). Außerdem enthält Olivenöl auch Antioxidanzien (Vitamin E und Polyphenole). Infolge dieser Eigenschaften ist Olivenöl eines der wertvollsten pflanzlichen Öle überhaupt. Von ähnlicher Bedeutung ist vielleicht noch das **Rapsöl**.

Mehrfach ungesättigte Fettsäuren (PUFA)

- Omega-6-Fettsäuren: Linolsäure, Arachidonsäure
- Omega-3-Fettsäuren: Alpha-Linolensäure u.a.

können vom menschlichen Organismus nicht gebildet werden und werden daher als essenziell bezeichnet. Da Omega-6-Fettsäuren, unter ihnen besonders die Arachidonsäure, Entzündungsvorgänge im Körper fördern, sollte der Schwerpunkt mehr auf den Omega-3-Fettsäuren liegen. Die vor allem in fetten Tiefseefischen (Makrele, Lachs, Hering) und in Garnelen (Krill) vorkommenden **Omega-3-Fettsäuren** spielen eine große Rolle bei der frühkindlichen Entwicklung, der Vorbeugung gegen Arteriosklerose und gegen entzündliche Erkrankungen (Rheuma, Arthritis, Immunschwäche) – und auch gegen die entzündliche Reaktion nach starken Trainingsbelastungen. Einen hohen Gehalt an Alpha-Linolensäure haben vor allem Leinöl, Rapsöl und Walnussöl.

OBEN: Mit einer Getreidemühle lässt sich auch zu Hause »echtes« Vollkornmehl herstellen.

Cholesterin

Das Cholesterin gehört zu den fettähnlichen Substanzen (Lipoide) und ist nur in tierischen Lebensmitteln enthalten. Obwohl Cholesterin meist unter negativen Gesichtspunkten betrachtet wird, gehört es zu den lebensnotwendigen Substanzen unseres Körpers; denn es liefert das Grundgerüst für wichtige Hormone (Nebennierenrindenhormone, Sexualhormone), für die Gallensäuren, für wichtige Bausteine aller Zellwände und auch für das Vitamin D. Der Körper selbst bildet Cholesterin in Leber und Darmwand in einer Größenordnung von 400 bis 1200 mg pro Tag, während durch die Nahrung etwa 500 bis 700 mg täglich zugeführt werden.

Dadurch kann sich bei entsprechender Veranlagung ein erhöhter Cholesterinspiegel im Blut ergeben, der für die Arteriosklerose mit ihren Folgekrankheiten (Herzinfarkt, Schlaganfall) verantwortlich gemacht wird. Cholesterin ist also einerseits notwendig und andererseits schädlich. Wie ist das möglich?
Tatsache ist, dass reines Cholesterin im Tierversuch keine Arteriosklerose erzeugt, während **oxidiertes Cholesterin** bereits in Spuren hochgradig toxisch auf die Gefäßwände wirkt (Leland L. Smith: Cholesterol Autoxidation, 1981). Demnach geht es also darum, den Körper nicht vor Cholesterin an sich (denn das ist lebensnotwendig), sondern vor oxidiertem Cholesterin zu schützen. Dazu sind zwei Strategien notwendig:

1. Das im Körper bereits vorhandene Cholesterin muss vor Oxidation geschützt werden. Dazu gibt es wiederum zwei Möglichkeiten:
   – Hochregulierung der im Körper vorhandenen antioxidativen Schutzsysteme durch moderate körperliche Aktivität (Ausdauertraining) und
   – Aufnahme antioxidativer Schutzstoffe durch die Nahrung (antioxidative Vitamine A, C, E, Selen, Zink und sekundäre Pflanzenstoffe).
2. In der Ernährung sollte man die Aufnahme von Nahrungsmitteln mit oxidiertem Cholesterin vermeiden (siehe Kasten).

NAHRUNGSMITTEL MIT OXIDIERTEM CHOLESTERIN

- Vollmilchpulver (große Oberfläche, da sprühgetrocknet) und alle damit hergestellten Produkte
- Volleipulver (große Oberfläche, da sprühgetrocknet) und alle damit hergestellten Produkte
- Parmesankäse und alle geriebenen Käsearten (große Oberfläche)
- Alle cholesterinhaltigen Nahrungsmittel, die lange an der Luft stehen und küchentechnisch (Hitze) verarbeitet werden.
- Zum Braten, Grillen usw. pflanzliche Fette verwenden, da sie kein Cholesterin enthalten und durch ihren hohen Vitamin-E-Gehalt das in Nahrungsmitteln (zum Beispiel Fleisch) enthaltene Cholesterin vor Oxidation schützen.

Bedeutung im Belastungsstoffwechsel

Der Hauptvorteil der Fette im Belastungsstoffwechsel besteht darin, dass sie eine sehr konzentrierte Energiequelle darstellen und dazu dienen, die für eine hohe Belastungsintensität (hohes Tempo, intervallartige Belastungen, Endspurt im Wettkampf) notwendigen Kohlenhydrate (Glykogen) zu sparen. Die Fähigkeit, Fette zur Energiegewinnung heranzuziehen, wird durch das Training der Grundlagenausdauer (GA 1 und GA 2) erworben – mit geringer bis mittlerer Intensität, sodass immer ausreichend Sauerstoff für die Fettverbrennung zur Verfügung steht.

Eiweiß (Proteine)

Allgemeine Bedeutung

Eiweiße sind die Grundbausteine der Zellen aller Lebewesen. Deswegen werden sie auch Proteine genannt (griechisch protos = der Erste), weil sie die ersten und wichtigsten Baustoffe des Lebens sind. Die Natur bringt es immer wieder fertig, durch die Kombination weniger Bausteine Vielheit zu erzeugen. So hat jedes Lebewesen seine individuelle Eiweißstruktur. Daher ist es schwierig, Gewebe, Organe oder Blut von einem Lebewesen auf das andere zu übertragen. In jeder Zelle sind bis zu 5000 verschiedene Eiweißarten vorhanden, die als Botenstoffe und Enzyme alle biochemischen

Prozesse steuern. Außerdem sind in den Strukturen des Zellkerns Informationen für über zwei Millionen verschiedene Eiweißstoffe gespeichert. Proteine erfüllen auch Transportaufgaben. So transportiert zum Beispiel der rote Blutfarbstoff (Hämoglobin) Sauerstoff, die Plasmaproteine Nährstoffe und Stoffwechselprodukte. Als Bestandteil von Hormonen regulieren sie die Lebensvorgänge im Körper. Proteine sind außerdem die wichtigsten Strukturelemente des Körpers in den Muskelfasern, in der Knorpelsubstanz, der Knochengrundsubstanz, den Sehnen und der Haut. Und sie sind auch für das gesamte Abwehrsystem des Körpers (Immunsystem) notwendig.

OBEN: Besonders reich an Aminosäuren: fettarme Milchprodukte, wie z. B. Hüttenkäse.

Aufbau

Die Natur schafft es, mit nur 20 verschiedenen Eiweißbausteinen (Aminosäuren) eine unvorstellbare große Zahl von Kombinationen zu erreichen – nämlich 10130! Das geht aber nur, wenn der Körper alle notwendigen Aminosäuren zur Verfügung hat. Die 20 Aminosäuren, die der Körper benötigt, werden in essenzielle, bedingt essenzielle (semiessenzielle) und nicht-essenzielle eingeteilt (siehe Tab. 4). Für den Menschen besonders wichtig sind die acht essenziellen Aminosäuren, die er nicht selbst herstellen kann. Sie müssen mit der Nahrung zugeführt werden. Bedingt essenzielle Aminosäuren sind solche, die unter bestimmten Stoffwechselumständen nicht ausreichend gebildet werden können. Die nicht essenziellen Aminosäuren kann der Organismus aus anderen Bausteinen herstellen, wenn er aus anderen Aminosäuren genügend Stickstoff zur Verfügung hat. Je mehr essenzielle Aminosäuren ein Eiweiß enthält, desto höher ist seine biologische Wertigkeit.

Aminosäurepool

Die Proteine werden aus Ketten miteinander verknüpfter Aminosäuren aufgebaut (Oligo- und Polypeptide). Etwa 60 % des gesamten Körpereiweißes befindet sich in der Muskulatur. Ein Kilogramm Muskulatur besteht aus etwa 22 % Eiweiß, 70 % Wasser und etwa 7 % Fett. Die Muskulatur scheint ein riesiger Eiweißspeicher zu sein, ist es aber normalerweise nicht. Nur im Hungerzustand greift der Organismus auf die Muskulatur und die in ihr gespeicherten Eiweißbausteine zurück. Der ständige Aufbau, Abbau und Umbau von Eiweißstrukturen erfordert eine leicht mobilisierbare Aminosäure-Reserve von ca. 600 bis 700 g, die man als Aminosäurepool bezeichnet. Das ist die einzige, allerdings sehr dynamische Eiweißreserve des Organismus, die er bei richtiger Ernährung ständig zur Verfügung hat. Weitere Speicher wie bei den Kohlenhydraten und Fetten gibt es nicht.

Biologische Wertigkeit

Das Eiweiß in der Nahrung hat die Aufgabe, Aminosäuren zum Aufbau körpereigener Eiweißstoffe zu liefern. Wenn man den Eiweißbedarf des Menschen festlegt, muss man dabei auch berücksichtigen, welche biologische Wertigkeit das zugeführte Eiweiß für den menschlichen Organismus hat. Je mehr essenzielle Ami-

BIOLOGISCHE WERTIGKEIT: HOCHWERTIGE PROTEINE UND KOMBINATIONEN

Getreide mit Milch
Reis, Weizen, Buchweizen
Hafer, Gerste, Roggen, Hirse
mit: Milch, Käse, Quark, Joghurt, Dickmilch

z. B.: Vollkorn- oder Buchweizenpfannkuchen mit Trinkmilch, Müsli mit Milch oder Joghurt, Vollkornnudeln mit Käse, Vollkornbrot mit Käse, Joghurt und Weizenkeime u.a.

Getreide mit Hülsenfrüchten
Reis, Weizen, Buchweizen
Hafer, Gerste, Roggen, Hirse
mit: Bohnen, Sojabohnen, Kichererbsen, Erbsen, Linsen

z. B.: Bohnensuppe mit Reis, Hirse mit Kichererbsen, Erbsensuppe mit Vollkornbrötchen u.a.

Getreide mit Eiern
Reis, Weizen, Buchweizen
Hafer, Gerste, Roggen, Hirse
mit: Ei

z. B.: Buchweizenpfannkuchen mit Ei, Rührei mit Getreide u.a.

Kartoffeln mit Ei oder Milch
Kartoffeln
mit: Ei, Milch, Quark, Joghurt, Dickmilch, Käse

z. B.: Pellkartoffeln mit Quark, Bratkartoffeln mit Spiegelei, Kartoffeln mit Käse überbacken u.a.

Merke:
Die Ergänzungswertung der Aminosäuren reicht über 4–6 Stunden, sodass man günstige Eiweißkombinationen nicht gleichzeitig zu sich nehmen muss, sondern über diesen Zeitraum verteilen kann.

Proteingemisch		biologische Wertigkeit
Bohnen und Mais	(52%/48%)	101
Milch und Weizen	(75%/25%)	105
Vollei und Weizen	(68%/32%)	118
Vollei und Milch	(71%/29%)	122
Vollei und Kartoffel	(35%/65%)	137

Tierisches Eiweiß	biologische Wertigkeit
Vollei	100
Rindfleisch	92–96
Fisch	94
Milch	88
Edamer Käse	85
Schweizer Käse	84

Pflanzliches Eiweiß	biologische Wertigkeit
Soja	84
Grünalgen	81
Roggen	76
Bohnen	72
Reis	70
Kartoffeln	70

nosäuren ein Eiweiß enthält und je weniger der Körper davon braucht, um sein eigenes Eiweiß aufzubauen, desto höher ist die biologische Wertigkeit. Für sich allein gesehen ist tierisches Eiweiß für den Menschen biologisch hochwertiger als pflanzliches (siehe Tabelle links). Da sich aber kaum jemand von einer einzigen Eiweißart allein ernährt, muss man berücksichtigen, dass sich das Aminosäurespektrum verschiedener Eiweißarten durch Kombination zu einem höherwertigen Eiweiß kombinieren kann (siehe Tabelle links). Die bisher höchste biologische Wertigkeit erreicht man durch eine Mischung von Eiprotein und Kartoffelprotein (biologische Wertigkeit 137), die die biologische Wertigkeit des Eiereiweißes bei Weitem übertrifft. Auch Mischungen von Bohnen und Mais, Milch und Weizen, Vollei und Weizen sowie von Vollei und Milch weisen eine sehr hohe biologische Wertigkeit auf.
Diese Ergänzungswertigkeit der Eiweißstoffe ermöglicht es, dass man sich auch ohne Fleisch mit genügend biologisch hochwertigem Eiweiß versorgen kann. Beispiele für günstige Nahrungsmittel-Kombinationen mit Ergänzungswert für Eiweiß sind in den Tabellen links aufgeführt.

Eiweißbedarf

Für jeden Menschen und erst recht für jeden Sportler ist eine ausreichende Zufuhr von biologisch hochwertigem Eiweiß von großer Bedeutung für Gesundheit und Leistungsfähigkeit. Sportlich aktive Menschen haben auch instinktiv ein größeres Verlangen nach eiweißreicher Ernährung. Sie fördert aber nicht nur die muskuläre Leistung sondern auch über die hirnaktiven Aminosäuren die Fähigkeit zu Konzentration und Koordination, die geistige Leistungsbereitschaft und die allgemeine geistige Aktivität.
Eine eiweißarme Ernährung dagegen erschwert konzentrierte und intensive Leistungen in allen Sportarten.

Als Eiweißoptimum wird bei »Normalpersonen« und im Breiten- und Gesundheitssport meistens eine Eiweißzufuhr von 0, 8 bis 1 g/Kilogramm Körpergewicht empfohlen – vorausgesetzt, dass es sich um biologisch hochwertiges Eiweiß handelt. Allerdings scheint eine etwas höhere Zufuhr von 1 bis 1,2 g/Kilogramm Körpergewicht noch »optimaler« zu sein, vor allem wenn es um Gewichtsabnahme und um Verhinderung des Muskelschwundes im Alter (Sarkopenie) geht.
Ernährungserhebungen bei Ausdauersportlern zeigten eine spontane Eiweißaufnahme von etwa 1,4 g/Kilogramm Körpergewicht.
Die Quintessenz aller Empfehlungen ist:

1. Im Ausdauersport rechnet man mit einem Proteinbedarf von 1, 2 bis 1,5 g/Kilogramm Körpergewicht, wobei Ausdauersportarten mit hohem Krafteinsatz und hohem Energieverbrauch, wie zum Beispiel Radsport und Triathlon, im oberen Bereich oder darüber liegen.
2. Im Kraftsport dürfte eine Proteinzufuhr von 1,5 bis 2,0 g/Kilogramm Körpergewicht empfehlenswert sein. Höhere Bedarfszahlen gibt es nur in Extremsportarten wie bei Etappen-Radrennen, Triathlon oder auch beim Bergsteigen. Doch sind diese Verhältnisse nicht auf den Breiten- und Gesundheitssport zu übertragen.

Wichtig:

Da der Organismus Eiweiß nicht so wie Fett und Kohlenhydrate speichern kann, sondern nur über einen mobilen »Eiweiß-Pool« in Form von Aminosäuren in einer Größenordnung von 200–220 g verfügt, sollte die Eiweißzufuhr in zeitlicher Nachbarschaft zur entsprechenden Trainingsbelastung aufgenommen werden – also etwa 1–2 Stunden vor dem Training (Proteinshake, Eiweißriegel) oder in den ersten sechs Stunden der Regeneration nach der Belastung.

Optimale Eiweißlieferanten: eiweißreiche, fettarme Nahrungsmittel

- Fettarme Milch und fettarme Milchprodukte, Molkeneiweiß (Whey Protein)
- Fettarmer Joghurt
- Fettarme Käsesorten (zum Beispiel Harzer, Limburger, Romadur u. a.)
- Magerquark, Hüttenkäse
- Geflügel (Huhn, Truthahn)
- Fisch (Kabeljau, Flunder, Scholle, Seezunge, Forelle; außerdem an Omega-3-Fettsäuren reiche Fische wie Makrele, Lachs und Hering)
- Schalentiere (Hummer, Krabben, Garnelen, Austern, Muscheln)
- Eier (besonders in Kombination mit Kartoffeln)
- Hülsenfrüchte (Erbsen, Bohnen, Linsen, Sojabohnen)
- Nüsse (Cashewnüsse, Erdnüsse, Haselnüsse, Kokosnüsse, Mandeln, Paranüsse, Pistazien, Walnüsse)
- Samen (Kürbiskerne, Sesamkerne, Sonnenblumenkerne)

Optimale Nährstoffrelation

»Es ist nicht die stärkste Spezies, die überlebt, auch nicht die intelligenteste, aber diejenige, die am anpassungsfähigsten auf Veränderungen reagiert.«

Charles Darwin, britischer Naturforscher

Es gibt viele Mode-Empfehlungen, die das Verhältnis der Makronährstoffe Kohlenhydrate, Fette und Eiweiß zueinander betreffen (Nährstoffrelation). Man sollte auf jeden Fall aus dem Verhältnis der Makronährstoffe zueinander keine Ideologie oder Glaubensrichtung machen und die Ernährung nicht starr nach »low carb« oder »low fat« oder nach einer sonstigen fixen Nährstoffrelation ausrichten. De facto ändert sich nämlich die optimale Nährstoffrelation je nach Qualität und Quantität der Beanspruchung. Man könnte vor jede dieser Empfehlungen gleich das Wort »Flexi« setzen. Intelligenter ist es aber, die bisher beschriebenen Zusammenhänge zu verstehen, um die Ernährung bedarfsgerecht an die eigene Situation individuell anpassen zu können und dadurch unabhängig von den vielen Mode-Empfehlungen zu werden.

Breiten- und Gesundheitssport

Hier geht es um eine gesunde Ernährung wie bei »Normalpersonen« und meistens auch um Gewichtsabnahme, bei der es empfehlenswert ist, den Anteil der Kohlenhydrate zu vermindern und dafür den Anteil an Eiweiß und (gesundem) Fett zu erhöhen, sodass sich bei einer täglichen Kalorienaufnahme von 1.800–2.400 kcal etwa eine Nährstoffrelation wie folgt ergibt:

- 40 kcal% Kohlenhydrate,
- 40 kcal% Fette,
- 20 kcal% Eiweiß.

Leistungs- und Hochleistungssport

Aufgrund zahlreicher Untersuchungen hat sich je nach Qualität und Quantität der Belastung und bei einer täglichen Kalorienaufnahme von 3.000–5.000 kcal etwa folgende durchschnittliche Nährstoffrelation als optimal erwiesen:

- 50 bis 60 kcal% Kohlenhydrate,
- 25 bis 35 kcal% Fette,
- 15 bis 20 kcal% Eiweiß.

Kohlenhydrate für die Ausdauer, Eiweiß für die Kraft

Letzten Endes gilt für die adäquate Nährstoffrelation ein einfaches Prinzip:
Bei Ausdauerbelastungen wird der Kohlenhydratanteil, bei Kraftbelastungen der Eiweißanteil erhöht. Bei hoher Intensität der Belastung wird ebenfalls ein erhöhter Eiweißanteil benötigt.

Mikronährstoffe

- Vitamine
- Mineralstoffe
- Spurenelemente

Bedeutung

Die Makronährstoffe (Kohlenhydrate, Fette und Eiweiß) sind für den Energie- und Baustoffwechsel des Körpers notwendig – und die Mikronährstoffe benötigt unser Organismus, damit die Stoffwechselvorgänge und Funktionen des Körpers optimal ablaufen können.
Über viele Millionen von Jahren hinweg hat sich ein harmonisches Gleichgewicht zwischen den von der Natur zur Verfügung gestellten Nahrungsmitteln und unserem Organismus eingestellt. Dieses Gleichgewicht wurde in wenigen Jahrzehnten durch ein verändertes Nahrungsangebot drastisch gestört.
Unser Organismus hält zwar einiges aus – aber wenn man bedenkt, dass ein Mensch jeden Monat etwa Nahrungsmittel in der Größenordnung seines Körpergewichtes durch den Körper schleust – bei einem 80 kg schweren Menschen sind das fast eine Tonne (1000 kg) pro Jahr! – kann man sich vorstellen, dass selbst der stärkste Organismus irgendwann nachgibt, wenn diese große Menge an Nahrung immer die gleichen Fehler enthält.
Und das ist in der Zivilisationskost der Fall! Denn die heutigen Nahrungsmittel enthalten teilweise nur noch einen Bruchteil der Mikronährstoffe wie noch vor 20 bis 30 Jahren. Daher ist es sehr wichtig, Nahrungsmittel auch nach ihrem Gehalt an Mikronährstoffen auszuwählen und auch danach, wie sie entstanden sind (natürliche Nahrungsmittel, biologischer Anbau), und ob es sich um tote Nahrung oder um »lebendige Nahrung« (siehe Seite 57) handelt.

OBEN: Müsli, am besten selbst gemischt – der ideale Start in den Tag.

Mangelzustände ausgleichen

Es wird zwar gebetsmühlenartig wiederholt, dass eine »ausgewogene Mischkost« völlig ausreiche, um den Nährstoffbedarf zu decken, und es wird auch darauf hingewiesen, dass es keine »ausgelaugten Böden« gibt. Aber wir haben dieses Buch nicht geschrieben, um eingefahrene Slogans zu übernehmen, sondern um nachzudenken, was wohl richtig sein könnte.
Muss es nicht nachdenklich stimmen, wenn festgestellt wird, dass unser Weizen siebenmal (!) weniger Selen enthält als der kanadische? Die Böden sind dort reicher an Selen, und der Weizen hat mehr Zeit zu wachsen.
In unseren Breiten enthält der Boden weniger

Selen – und das Wachstum des Weizens wird durch mehr oder minder starke Düngung angeregt, sodass er weniger Zeit hat, Mikronährstoffe aus dem Boden aufzunehmen. So sind die Verhältnisse auch bei Gemüse und Obst. Sie enthalten viel weniger Mikronährstoffe als früher. Und das mit der ausgewogenen Mischkost stimmt auch nur bei jungen Menschen, die keinen Sport betreiben, gesund und nicht schwanger sind. Sobald jedoch Sondersituationen eintreten (siehe unten), gibt es Engpässe und Mangelzustände bei Mikronährstoffen, sodass man sogar in solchen Situationen über Nahrungsergänzungen (siehe Seite 58) nachdenken sollte. Manche Wissenschaftler sagen sogar, dass 80 bis 90 % (!) der Bevölkerung in Deutschland mit Mikronährstoffen unterversorgt sind. Daher ist es sehr wichtig, die Aufmerksamkeit nicht nur auf den Energiegehalt der Nahrungsmittel, sondern vor allem auch auf ihren Gehalt an Mikronährstoffen zu lenken.

Sondersituationen

Einige Beispiele in alphabetischer Reihenfolge, bei denen man darauf achten sollte, eine Unterversorgung mit Mikronährstoffen zu vermeiden:

Alter

Mit zunehmendem Lebensalter entsteht ein höherer Bedarf an **antioxidativen Schutzstoffen** wie Vitamin A, C, E, sekundären Pflanzenstoffen sowie Selen, Zink, Mangan, Kupfer und Coenzym Q10.
Außerdem haben die in ihrer Funktion nachlassenden Organe und Gewebe einen erhöhten Bedarf an Mikronährstoffen, wie zum Beispiel:

Immunsystem

Vitamin C, Vitamin A, Vitamin B6 , Vitamin D 3, Folsäure, Zink, Selen – sowie biologisch hochwertiges Eiweiß.

Muskulatur

Vitamin E, Coenzym Q10, Eiweiß

Knochen

Calcium, Vitamin D 3, Vitamin K 2

Herz

Magnesium, Vitamin E, Vitamin C sowie Omega-3-Fettsäuren (Fischöl, Krillöl), Coenzym Q10 und NADH.

Nerven und Gehirn

Vitamin-B-Komplex (B_1, B_2, B_6, B_{12}) sowie Folsäure, Niacin und Biotin.

Bauchspeicheldrüse

Zur Vorbeugung gegen Altersdiabetes wird die erhöhte Zufuhr von Chrom empfohlen sowie auch von Coenzym Q10 und NADH.

Burn-out-Syndrom, Depressionen, Stress

Erhöhter Bedarf an Vitamin B_{12} und Folsäure, Vitamin-B-Komplex, Vitamin D 3 sowie an Magnesium, Selen und Zink. Außerdem werden Coenzym Q10 und Zulagen an hochwertigem Eiweiß empfohlen.

Infektanfälligkeit

Um das Immunsystem zu stärken, braucht man besonders Zink, Selen, Vitamin C, Vitamin D 3, Folsäure – und Zulagen an hochwertigem Eiweiß.

Ovulationshemmer (»Pille«)

Durch konstante Einnahme der »Pille« wird ein Mangel an den Vitaminen B_2, B_6, B_{12}, Folsäure, C sowie an Magnesium und Zink begünstigt.

Schwangerschaft

Erhöhter Bedarf an Vitamin B_{12}, Folsäure und Eisen.

Sport

Sportlich aktive Menschen haben je nach Trainingsumfang und Trainingsintensität einen erhöhten Bedarf an Vitaminen des B-Komplexes (B_1, B_2, B_6, B_{12}), Vitamin C, Vitamin E sowie an Magnesium, Selen und Zink. Außerdem geht mit dem Schweiß Eisen verloren, was sich besonders bei jungen Frauen auswirkt. Bei Seniorensportlern gelten zusätzlich die Hinweise, die oben für ältere Menschen aufgeführt sind.

Tipp:
Die angeführten Beispiele sollten nur Hinweise darauf geben, dass die immer wieder gebetsmühlenartig wiederholte Botschaft, dass eine »ausgewogene Mischkost« völlig ausreiche, um den Menschen mit allen notwendigen Nährstoffen zu versorgen, von klugen Menschen doch etwas hinterfragt werden sollte. Auf der sicheren Seite ist man auf jeden Fall, wenn man seine Blutwerte auch einmal auf Mikronährstoffe untersuchen lässt.

Wasserlösliche Vitamine

Vitamin B_1 (Thiamin)

Funktionen

Coenzym-Funktion im Kohlenhydratstoffwechsel, Funktionen im Fett- und Eiweißstoffwechsel. Vor allem bei der Bildung von Acetyl-Coenzym A im Kohlenhydratstoffwechsel wird Vitamin B_1 als Coenzym benötigt, sodass bei einer hohen Beanspruchung des Kohlenhydratstoffwechsels (Leistungs- und Hochleistungssport, hoher Konsum von Süßigkeiten und »leeren Kohlenhydraten«) vermehrt B_1 verbraucht wird. Außerdem erfüllt B_1 wichtige Funktionen im Nervensystem und Herzmuskel.

Bedarf

Etwa 0,54 mg/1000 kcal, also ca. 1,2 mg pro Tag. Bei Ausdauersport 4 bis 8 mg pro Tag.

BEEINFLUSSUNG DER STOFFWECHSELWEGE DURCH VERSCHIEDENE VITAMINE

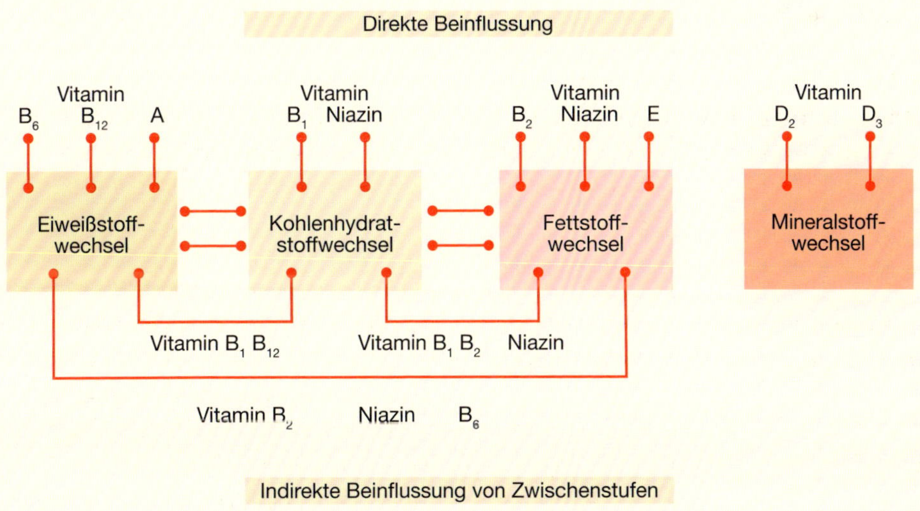

Vorkommen

Vollkorngetreide, Haferflocken, Weizenkeime. Naturreis, Wildreis (auch Parboiled-Reis), Hülsenfrüchte, Nüsse und Samen.
Anmerkung: Meist wird als Vitamin B_1-Quelle auch Fleisch angegeben. Das gilt aber nur für den »rohen, verzehrfertigen Zustand«. Bei Zubereitung durch Hitze geht ein Großteil des Vitamin B_1 verloren.

Vitamin B_2 (Riboflavin)

Funktionen

Energiestoffwechsel, wichtig für normale Zellfunktion, Wachstum und Entwicklung. Übertragung von Wasserstoffionen (Atmungskette). Bestandteil antioxidativer Schutzsysteme (Glutathion-Reduktasse). Wirkt als Coenzym in über 60 Enzymen, v.a. im Energiestoffwechsel.

Bedarf

Etwa 0,6 mg/1000 kcal, also ca. 1,4 mg pro Tag. Bei Sportlern ca. 4 mg pro Tag.

Vorkommen

Milch und Milchprodukte (Joghurt, Bergkäse, Camembert), Getreide und Getreideprodukte, Weizenkeime, Hefeflocken, Fisch, Gemüse, Kartoffeln.

Niacin

Funktionen

Vorstufe von Coenzymen im Energiestoffwechsel, an der Übertragung von Wasserstoffatomen beteiligt. Positive Beeinflussung der Blutfette (Senkung von LDL- und VLDL-Cholesterin und von Triglyzeriden, Erhöhung des HDL-Cholesterins = »gutes Cholesterin«). Antioxidative und entzündungshemmende Wirkung.

Bedarf

Etwa 6,6 mg/1000 kcal, also ca. 15 mg pro Tag. Bei Sportlern etwa 20 mg pro Tag.

Vorkommen

Fleisch (Geflügel, Kalb, Rind), Milch und Milchprodukte (Joghurt, Emmentaler, Bergkäse, Gouda), Getreide und Vollkornprodukte, Weizenkeime, Fisch, Gemüse, Hefe und Hefeflocken.

Vitamin B_6 (Pyridoxin)

Funktionen

Coenzym im Eiweißstoffwechsel. Wichtig für die normale Funktion des Nervensystems, des Immunsystems und beim Aufbau des roten Blutfarbstoffes (Hämoglobin).

Bedarf

Von Eiweißzufuhr abhängig: 0,02 mg/g Proteinzufuhr, ca. 1,5 bis 2,0 mg pro Tag. Bei Sportlern ca. 3 mg pro Tag.

Vorkommen

Vollkorngetreide, Weizenkeime, Fleisch (Geflügel), Fisch (Thunfisch, Lachs), Hülsenfrüchte (Erbsen, Bohnen, Linsen, Sojabohnen), Obst und Gemüse, Hefe und Hefeflocken.

Folsäure (Folat)

Funktionen

Nukleotid-Stoffwechsel. Homocystein-Stoffwechsel (zusammen mit anderen Vitaminen, vor allem des B-Komplexes), Übertragung von Methylgruppen. Wichtige Funktion bei Blutbildung, Immunabwehr und im Nervensystem.

Bedarf

ca. 400 µg pro Tag. Sportler ca. 800 µg pro Tag.

Vorkommen

Grünes Blattgemüse (Feldsalat, Spinat), Sojasprossen, Brokkoli, Spargel, Kichererbsen, Tomaten, Eier.

Pantothensäure

Funktionen

Bestandteil von Coenzym A, wichtig für den Stoffwechsel von Kohlenhydraten, Fetten und Aminosäuren.

Bedarf

Etwa 6 mg pro Tag. Bei Sportlern ca. 8 bis 12 mg pro Tag

Vorkommen

In allen Lebensmitteln (griechisch »pan« = ganz, alles), besonders in Fleisch, Fisch, Milch, Milchprodukten, Vollkorngetreide, Haferflocken, Hülsenfrüchten (Erbsen, Bohnen, Linsen).

Biotin

Funktionen

Beteiligung am Energiestoffwechsel, Abbau von Aminosäuren, Aufbau von Fettsäuren. Beteiligung am Zellwachstum durch DNA- und Proteinsynthese sowie an Haut- und Haarwachstum.

Bedarf

Soweit bekannt ca. 30 bis 60 µg pro Tag.
Bei Sportlern vielleicht 80 µg pro Tag.

Vorkommen

Rinderleber, Eigelb, Nüsse, Hülsenfrüchte (Sojabohnen, Linsen), Getreide (Haferflocken), Gemüse (Champignons, Spinat), Milch und Milchprodukte.

Vitamin B_{12} (Cobalamin)

Funktionen

Blutbildung, Regeneration von Folsäure. Wichtig für Zellwachstum und normale Funktion des Nervensystems.

Bedarf

Etwa 3 µg pro Tag. Sportler ca. 6 bis 10 µg pro Tag.
Anmerkung: Vitamin B_{12} wird in relativ großer Menge in der Leber gespeichert (2 bis 5 mg = 2000 bis 5000 µg). Eine mangelhafte Zufuhr (wie zum Beispiel bei veganer Ernährung) macht sich daher erst nach mehreren Jahren bemerkbar.

Vorkommen

Ausschließlich in tierischen Produkten: Fleisch und Innereien (Rinderleber), Fisch (Makrele, Forelle u. a.), Milch und Milchprodukte (Joghurt, Bergkäse, Emmentaler), Eier.

Vitamin C (Ascorbinsäure)

Funktionen (Auswahl)

Stark wirkendes Antioxidans, fängt und neutralisiert freie Radikale. Regeneration von Vitamin E und Glutathion. Fördert Eisenresorption. Hemmung der Bildung von krebsfördernden Nitrosaminen. Bildung von Stresshormonen im Nebennierenmark, von Kollagen im Bindegewebe sowie von Carnitin, Aminosäuren und Peptidhormonen. Wichtiger Cofaktor von Enzymen. Unterstützung des Immunsystems.

Bedarf

Etwa 100 bis 120 mg pro Tag. Sportler ca. 500 mg pro Tag.
Anmerkung: Ein latenter Vitamin-C-Mangel führt zu Müdigkeit und Leistungsabfall.

Vorkommen

Gemüse und Obst und daraus hergestellte (frische) Säfte: Früchte und Beeren (Sanddornbeeren, Zitronen, Orangen, Johannisbeeren, Kiwi, Stachelbeeren), Acerola-Kirschen, Gemüse und Kräuter (Petersilie, rote Paprika, Kohlrabi, Spinat, Tomaten, Kartoffeln).

Fettlösliche Vitamine

Vitamin A (Retinol), Provitamin A (Beta-Carotin) und Carotinoide

Funktionen

Vitamin A: Beteiligung an Immunabwehr, Entwicklung von Zellen und Geweben, Aufbau und Funktion von Haut und Schleimhäuten, Beteiligung am Sehvorgang
Beta-Carotin: wie Vitamin A, Antioxidans

Bedarf

Etwa 1 mg pro Tag. Erhöhte Zufuhr (über 2 bis 3 mg pro Tag) wirkt toxisch!

OBEN: Ideal für den Vitaminhaushalt: Getreide-, Milchprodukte, frisches Obst und Gemüse.

Vorkommen

Karotinoide in orangefarbenen pflanzlichen Lebensmitteln, die im Körper zu Vitamin A umgewandelt werden.
Gemüse (Karotten, Grünkohl, Spinat, Mangold, Kürbis), Leber, Milchprodukte.

Vitamin D (Calciferol)

Funktionen

Förderung der Kalziumaufnahme durch den Darm und Einlagerung von Kalzium in den Knochen. Regulierung der Kalzium- und Phosphatausscheidung durch die Nieren. Zellmodulation des Immunsystems.

Bedarf

Bei ausreichender Sonnenexposition keine Zufuhr notwendig. Bei der Zufuhr durch Vitamin D-3-Tabletten befindet man sich mit 1000 bis 2000 internationalen Einheiten (25 bis 50 µg) pro Tag auf der sicheren Seite.

Vorkommen

Am wichtigsten ist die Anregung der Vitamin-D-Bildung im Körper durch Sonnenlicht. Nahrungsquellen sind vor allem Eigelb, Fische und Pilze. In den Wintermonaten ist die zusätzliche Einnahme von Vitamin D 3 (in Tablettenform) zu empfehlen.

Vitamin E (Tocopherole)

Funktionen

Fettlösliches Antioxidans, daher Schutz von Fetten und fettähnlichen Substanzen vor Oxidation. Unterstützung des Immunsystems. Durch seine Mitwirkung bei der Energiegewinnung in der Atmungskette (»innere Atmung«) ist Vitamin E von großer Bedeutung für den Sportler.

Bedarf

Etwa 15 mg pro Tag. Bei Sportlern ca. 30 bis 50 mg pro Tag.

Vorkommen

Pflanzliche Öle (Weizenkeimöl, Sonnenblumenöl, Maiskeimöl, Rapsöl, Olivenöl), Weizenkeime, Nüsse (Mandeln, Walnüsse, Haselnüssc, Paranüsse), Naturreis, Haferflocken.

Vitamin K (Phyllochinon)

Funktionen

Bildung von Blutgerinnungsfaktoren. Förderung des Aufbaus bestimmter Proteine (zum Beispiel Osteocalcin im Knochen) sowie weitere Funktionen im Knochenstoffwechsel.

Bedarf

Etwa 60 bis 70 µg pro Tag
Anmerkung: Vitamin K2 kann teilweise durch Darmbakterien gebildet werden.

Vorkommen

Gemüse (Spinat, Brokkoli, Kopfsalat, Erbsen, Blumenkohl, Zucchini), Milch und Milchprodukte, Eier, Getreide (Hafer-, Dinkelflocken), Obst und Beeren (schwarze Johannisbeeren, Kiwi, Avocado, Heidelbeeren, Himbeeren, Birnen).

Mineralstoffe

Mineralstoffe und Spurenelemente sind sogenannte Mengenelemente und essenziell für die Aufrechterhaltung der Leistungsfähigkeit. Von Mineralstoffen spricht man, wenn mehr als 100 mg pro Tag benötigt werden, von Spurenelementen, wenn der Tagesbedarf unter 100 mg liegt. Bei Sportlern bedingt der Schweißverlust einen erhöhten Bedarf.

Natrium (Na)

Funktionen

Regulation des osmotischen Drucks in den Körperflüssigkeiten. Aufrechterhaltung des Membranpotenzials der Zellen und Regulierung der neuromuskulären Impulsleitung. Regulation des Säure-Basen-Haushalts. Bestandteil der Verdauungssäfte, Förderung der Absorption von Einfachzuckern und Aminosäuren im Darm.

Bedarf

Reines Natrium (Na) etwa 560 mg pro Tag, in Form von Kochsalz (NaCl) 6 bis 8 g pro Tag, Sportler zusätzlich pro Liter Schweißverlust etwa 2 bis 3 g Kochsalz.

Vorkommen

Hauptquelle: Speisesalz (NaCl) und alle kochsalzhaltigen Nahrungsmittel

Chlorid (Cl)

Funktionen

Bestandteil von Verdauungssäften (Magensaft) und Verdauungsenzymen (Kathepsin) sowie von blutdruckregulierenden Hormonen (Angiotensin II), Regulierung des Säure-Basen-Haushalts.

Bedarf

Reines Chlorid (Cl) etwa 840 mg pro Tag, in Form von Kochsalz (NaCl) 6 bis 8 g pro Tag, Sportler zusätzlich pro Liter Schweißverlust etwa 2 bis 3 g Kochsalz.

Vorkommen

Hauptquelle Speisesalz (NaCl) und alle kochsalzhaltigen Nahrungsmittel
Anmerkung: Zu viel Kochsalz kann bei manchen Menschen zu einer Blutdruckerhöhung führen.

Kalium (K)

Funktionen

Wichtigster Mineralstoff (Elektrolyt) in den Zellen, Regulierung der Elektrolythomöostase, Aktivierung von Enzymen. Blutdrucksenkende Wirkung. In Kohlenhydratspeichern (Leber- und Muskelglykogen) zusammen mit Glykogen gespeichert (1 g Glykogen bindet etwa 30 mg Kalium – und umgekehrt: aus 1 g Glykogen werden 30 mg Kalium frei).
Anmerkung: Kaliummangel schwächt die Muskulatur.

Bedarf

Etwa 2 bis 3 g pro Tag. Sportler je nach Schweißverlust und/oder Glykogenspeicherung 4 bis 6 g pro Tag.

Vorkommen

Pflanzliche Nahrungsmittel (Bananen, Tomaten, Kartoffeln, Spinat, Champignons, Trockenfrüchte), Obst und Obstsäfte.

Kalzium (Ca)

Funktionen

Wichtigster Bestandteil von Knochen und Zähnen, Stabilisierung der Zellmembranen, Signalübertragung in den Zellen, Übertragung der Reize im Nervensystem. Wichtiger Faktor bei Blutgerinnung und Muskelkontraktion.

Bedarf

Etwa 1 g (1000 mg) pro Tag. Sportler ca. 1,5 bis 2,5 g pro Tag.

Vorkommen

Milch und Milchprodukte, grünes Gemüse, Samen und Nüsse (Sesam, Mohn, Walnüsse), Mandeln, Früchte (Orangen, Avocado).

Phosphat

Funktionen

Bestandteil von Zellmembranen und Nukleinsäuren. In Phospholipiden Bestandteil der Zellwände. Steuerung von Stoffwechselvorgängen. Energiequelle in Form von Adenosintriphosphat (ATP). Regulation im Säure-Basen-Haushalt. Bestandteil der Knochensubstanz.

Bedarf

Etwa 700 bis 1200 mg pro Tag. Sportler ca. 2,0 bis 2,5 Gramm pro Tag (= 2000 bis 2500 mg).

Vorkommen

In allen Lebensmitteln, besonders in proteinreichen Lebensmitteln (Milch, Fleisch, Fisch), Getreide und Getreideprodukte.

Magnesium (Mg)

Funktionen

Aktivierung von Enzymen des Energiestoffwechsels. Beteiligung am Aufbau der Nukleinsäuren. Knochenbestandteil. Regulierung der Reizübertragung und Muskelkontraktion. Wird als »Salz der inneren Ruhe« bezeichnet.

Bedarf

Etwa 300 bis 400 mg pro Tag. Sportler ca. 500 bis 700 mg pro Tag.

Vorkommen

Magnesium ist zentrales Atom des grünen Blattfarbstoffs Chlorophyll und kommt daher in allen grünen Blattgemüsen vor (Mangold, Spinat, Feldsalat) – außerdem Vollkorn und Vollkornprodukte, Weizenkeime, Hülsenfrüchte (Erbsen, Bohnen, Linsen, Sojabohnen), Fleisch (Geflügel), Fisch, Milch und Milchprodukte.

Spurenelemente

Es gibt eine sehr große Zahl von Spurenelementen in unserem Körper. Die vier wichtigsten sind Eisen, Zink, Jod und Selen.

Eisen (Fe)

Funktionen

Zentralatom des roten Blutfarbstoffs (Hämoglobin) und des roten Muskelfarbstoffs (Myoglobin), die beide Sauerstoff binden und transportieren. Bestandteil und Aktivierung wichtiger Enzyme. Übertragung von Elektronen in der Atmungskette, Aufbau von Hormonen und Neurotransmittern, Unterstützung des Immunsystems.

Bedarf

Etwa 10 bis 15 mg pro Tag. Sportler je nach Trainingsbelastung und Schweißverlust 30 bis 40 mg pro Tag.

Vorkommen

Als sogenanntes Häm-Eisen im Fleisch, als Nicht-Häm-Eisen in pflanzlichen Lebensmitteln (Weizenkeime, Bierhefe, Schnittlauch, Hülsenfrüchte, Hirse, Sojabohnen, Spinat, Brokkoli, Rosenkohl), Pistazien.
Anmerkung: Eisen aus tierischen Quellen ist besser bioverfügbar als pflanzliches Eisen. Die Resorption von Eisen kann durch Vitamin C (z.B. Orangensaft) gesteigert werden.

Zink (Zn)

Funktionen

Aktivierung von mehr als 300 (!) Enzymen. Stärkung des Immunsystems. Bestandteil antioxidativer Schutzsysteme.

Bedarf

Etwa 10 bis 20 mg pro Tag. Sportler ca. 15 bis 30 mg pro Tag.

Vorkommen

Fleisch, Fisch, Milch und Milchprodukte (Joghurt, Käse), Eier, Vollkorngetreide und Vollkornprodukte, Weizenkeime, Erbsen.

Jod (J)

Funktionen

Bestandteil der Schilddrüsenhormone. Dadurch Regulierung der Stoffwechselgeschwindigkeit (Grundumsatz). Beeinflussung der Hirnentwicklung (Wachstum und Reifung), des Knochenwachstums und des Energiestoffwechsels.

Bedarf

Etwa 60 bis 70 µg pro Tag.

Vorkommen

Stark abhängig vom Jodgehalt der Böden (Nord-Süd-Gefälle). Besonders enthalten in Seefischen, Meeresfrüchten und Algen. Ebenfalls in Fleisch, Eiern, Milch und Milchprodukten, jodiertem Speisesalz.

Selen (Se)

Funktionen

Antioxidative Wirkung, wichtiger Bestandteil antioxidativer Schutzsysteme. Wichtig für normale Funktion der Schilddrüse und des Immunsystems.

Bedarf

Etwa 50 bis 100 µg pro Tag. Sportler ca. 100 bis 200 µg pro Tag (Schutz gegen freie Radikale).

Anmerkung: Deutschland ist ein Selenmangel-Gebiet, da die tägliche Selen-Zufuhr meist nur bei 30 µg pro Tag liegt (Schweiz 70 µg pro Tag, vermutlich, weil sie ihren Weizen überwiegend aus Kanada einführen, der siebenmal mehr Selen enthält als der Weizen in Deutschland, siehe Seite 39). Die meisten Studien zur Krebsprävention durch Selen wurden mit 200 µg Selen pro Tag durchgeführt.

Vorkommen

Weizenkeime, Vollkorngetreide, Vollkorngetreide-Produkte (möglichst mit Keim), Seefische, Meeresfrüchte, Meeresalgen, Linsen, Nüsse, Sesam, Brokkoli, Spargel.
Anmerkung: Selengehalt der Lebensmittel ist stark abhängig vom Selengehalt der Böden. Selenmangel ist ähnlich verbreitet wie Jodmangel.

Flüssigkeit

Allgemeine Bedeutung

Der Körper eines Erwachsenen besteht zu 60 % aus Wasser, das in verschiedenen Flüssigkeitsräumen verteilt ist: Zwei Drittel befinden sich innerhalb der Zellen (intrazellulär), ein Drittel außerhalb der Zellen (extrazellulär).
Zur extrazellulären Flüssigkeit gehört das in den Blutgefäßen vorhandene Flüssigkeitsvolumen, das 5 % des Körpergewichts ausmacht. Das zwischen den Zellen befindliche Flüssigkeitsvolumen macht etwa 15 % des Körpergewichtes aus.

Wichtig:

Die Organe, die am meisten Flüssigkeit enthalten, sind Gehirn, Leber und Muskulatur. Daher sind sie gegen Flüssigkeitsverluste besonders empfindlich.

Die Flüssigkeitsverteilung wird durch osmotische Kräfte geregelt, zu denen neben bestimmten Eiweißstoffen vor allem Mineralstoffe und Spurenelemente gehören.

Wichtig:

Wasser und Mineralstoffe gehen immer gemeinsam verloren. Daher muss die Flüssigkeitsbilanz immer in Zusammenhang mit der Bilanz der Mineralstoffe und Spurenelemente gesehen werden.
Wasser dient im Körper als Lösungs- und Transportmittel für alle wasserlöslichen Stoffe und ist der wichtigste Faktor für die Wärmeregulation. Der Flüssigkeitsbedarf richtet sich nach den Flüssigkeitsverlusten durch Verdunstung, Schweiß, Urin, Stuhl, Haut und Lungen. Diese

FLÜSSIGKEITSBILANZ EINES ERWACHSENEN (70 KG) IN ML/TAG

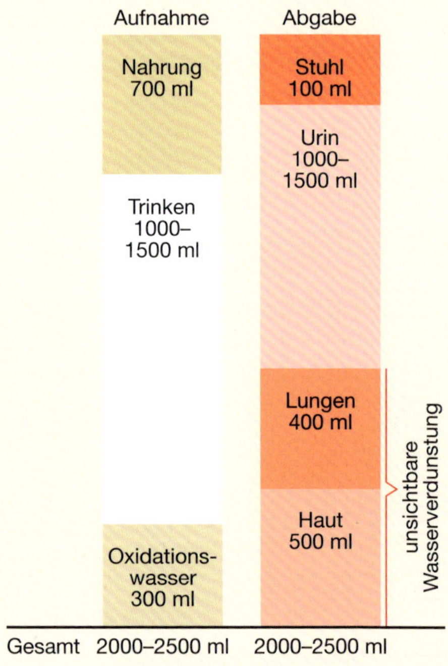

Verluste werden durch Nahrung und Getränke und das im Stoffwechsel als Endprodukt der Verbrennung der Nährstoffe anfallende Wasser (Oxidationswasser) ausgeglichen (siehe Abbildung links). Außerdem werden bei Sportlern zum Aufbau von 1 g Glykogen 2,7 g Wasser benötigt – das aber beim Abbau des Glykogens während der Belastung wieder frei wird. Der tägliche Mindestbedarf an Flüssigkeit (Summe aus Nahrung und Getränke) liegt bei etwa 1 bis 1,5 Liter, bei sportlicher Aktivität mit Schweißverlust entsprechend mehr.

Bedeutung im Belastungsstoffwechsel

Der menschliche Organismus ist eine »biologische Maschine« mit einem Wirkungsgrad von etwa 25 %, das heißt, 25 % der Energie kann vom Körper verwertet werden, 75 % fallen als Wärme an. Große körperliche Leistungen gehen deswegen mit einer großen Wärmeproduktion einher. Die überschüssige Wärme kann der Körper teilweise direkt abstrahlen, ist aber vor allem auch auf die bei der Schweißverdunstung entstehende Verdunstungskälte angewiesen. Durch die Verdunstung von einem Liter Schweiß kann man etwa 580 kcal an Wärme abgeben.

Wichtig:

Mit zunehmend besserem Trainingszustand können Sportler in der gleichen Zeit mehr Schweiß produzieren als Untrainierte, weil die Schweißdrüsen sich durch (Ausdauer-)Training vermehren und sich zusätzlich ihre Schweißflussrate erhöht. So können Untrainierte etwa 0,8 l Schweiß pro Stunde produzieren, während Trainierte eine Schweißproduktion von 2 bis 3 l pro Stunde erreichen können!
Das müssen Breiten- und Gesundheitssportler wissen. Denn diese antrainierte Fähigkeit ist die Voraussetzung für die zu erbringende Leistung, vor allem bei Hitze und hoher Luftfeuchtigkeit. Denn wenn der Organismus noch nicht so trainiert ist, dass er über eine entsprechend hohe Schweißflussrate verfügt, dann kann er auch die bei einer hohen Leistung anfallende Wärme über den Schweiß nicht ausreichend abgeben, sodass es zu einer Überhitzung des Körpers (Hyperthermie) kommt. Trotzdem steigt auch bei Trainierten die Körpertemperatur bei intensiven Belastungen oft auf 38 bis 40° und darüber an.

EINFACHES HITZEGETRÄNK

½ Liter Tee (Grüntee, Schwarztee, Mate-Tee, Früchtetee)
1 Teelöffel Honig
1 Teelöffel Zitronensaft
1 Prise Meersalz (2–3 g)

Flüssigkeitsersatz

Untersuchungen haben ergeben, dass bei Ausdauersportlern Flüssigkeitsverluste bis etwa 2 % des Körpergewichtes (bei 70 kg sind das 1,4 l) die Leistungsfähigkeit nicht beeinträchtigen. Ein Flüssigkeitsersatz während der Belastung ist also nur bei Belastungen nützlich, die mehr als eine Stunde dauern. Wenn es nicht um große Schweißverluste von mehreren Litern geht, kann man den Flüssigkeitsverlust durchaus mit Wasser und/oder Fruchtsäften (zum Beispiel Apfelsaftschorle) ausgleichen. Bei Schweißverlusten von mehreren Litern muss man aber nicht nur Flüssigkeit, sondern auch die im Schweiß verlorenen Mineralstoffe (vor allem Kochsalz) zusammen mit der Flüssigkeit ersetzen. Denn die durch die Kochsalzverluste bedingten Natriumverluste können für den Organismus gefährlich werden und zu einer so

OBEN: Statt Limonade besser einen selbstgemachten Smoothie (Rezepte siehe Seite 141).

genannten zentralen pontinen Myelinolyse (Auflösung von Nervenscheiden im Stammhirnbereich) mit Verwirrtheit, Desorientiertheit und Bewusstseinsstörungen führen. Da in einem Liter Schweiß etwa 2 bis 3 g Kochsalz verloren gehen, muss diese Menge beim Ersatz der Flüssigkeit enthalten sein (siehe Kasten Seite 49). Der Kochsalzverlust kann aber auch durch kochsalzreiche Nahrungsmittel ersetzt werden (z. B. Ochsenschwanzsuppe o. Ä.).

Mineralstoffgetränke

Es gibt auch fertige Mineralstoffgetränke. Da Kohlenhydrat-Elektrolyt-Lösungen die Aufnahme von Wasser während körperlicher Betätigung verbessern, sind diese Mineralstoffgetränke meistens wie folgt zusammengesetzt:

Pro 0,5 l isotonisches Fertiggetränk

- ca. 40 g Kohlenhydrate (Dextrose, Maltodextrin, Fructose),
- 2 bis 3 g Kochsalz
- 150 bis 200 mg Kalium
- 60 bis 80 mg Kalzium
- 30 bis 40 mg Magnesium

Isotonie

Die Mineralstoffgetränke sollten »isoton« sein, das heißt, der osmotische Druck (= Konzentrationen der Mineralstoffe) in isotonischen Getränken sollte dem des Blutes entsprechen, sodass diese Getränke schneller ins Blut übergehen und das innere Gleichgewicht (Homöostase) nicht stören. Das ist bei geringen Flüssigkeitsmengen schon richtig – aber kein Radsportler trinkt 6 bis 8 Liter isotonische Getränke! Sobald man Flüssigkeiten mit festen Nahrungsmitteln kombiniert, ist das mit der Isotonie schon wieder vorbei.

Wichtig:

An dieser Stelle sei nochmals darauf hingewiesen: Es ist ein eklatanter Fehler, große Flüssigkeitsverluste nur durch reines Wasser ersetzen zu wollen. Es muss zumindest Kochsalz dabei sein, entweder im Getränk selbst oder in der den Flüssigkeitsausgleich begleitenden Ernährung.

Sekundäre Pflanzenstoffe

Bedeutung

Die Wissenschaft arbeitet genau – aber langsam, nach dem Slogan »Es braucht halt alles seine Zeit«. Bei der Ernährung konzentrierte sie sich primär auf die Makro- und Mikronährstoffe, während die Stoffe, die den pflanzlichen Lebensmitteln die Farbe geben, als »sekundär« betrachtet wurden. Inzwischen hat man aber erkannt, dass die sogenannten sekundären Pflanzenstoffe primär so wichtig sind, dass die Mikronährstoffe und der gesamte Stoffwechsel erst in Kombination mit ihnen so richtig funktionieren. Besonders aufmerksam wurde man auf die sekundären Pflanzenstoffe durch das sogenannte »französische Paradoxon«, bei dem die vor Arteriosklerose und Krebs schützenden Wirkungen der sekundären Pflanzenstoffe in Rotwein und Olivenöl nachgewiesen wurden. Sekundäre Pflanzenstoffe verstärken die antioxidative Wirkung von Vitaminen und Spurenelementen, wirken also als starke Antioxidanzien, unterstützen das Immunsystem und wirken vorbeugend gegen Krebserkrankungen. Die Zusammensetzung der sekundären Pflanzenstoffe ist sehr komplex, wahrscheinlich gibt es mehr als 50.000 (!) verschiedene, sich gegenseitig ergänzende sekundäre Pflanzenstoffe. Die bisher bekanntesten Hauptgruppen sind Karotinoide, Phytosterine, Glukosinolate, Flavonoide, Phenole, Anthocyane, Phytoöstrogene und andere (siehe Tabelle oben).

LEBENSMITTEL MIT HOHEM GEHALT AN SEKUNDÄREN PFLANZENSTOFFEN

Beta-Karotin und Carotinoide

Karotten, Tomaten, Aprikosen, Hagebutten, Spinat, Rote Bete, Grünkohl, Brokkoli, Fenchel, Feldsalat, Mangold, Endiviensalat, Honigmelone, Mango, Kaki, Kürbis u.a.

Phenole, Polyphenole, Flavone, Flavonoide, Catechine, Tannine

Schwarzer Tee, Grüner Tee, Heilkräutertees, Kakao, Kakaoprodukte (zum Beispiel Bitterschokolade), Kaffee, Rotwein, roter Traubensaft, Johannisbeersaft, Olivenöl, farbige Früchte und Gemüse u.a.

Anthocyane

Heidelbeeren, schwarze Holunderbeeren, schwarze Johannisbeeren, Brombeeren, blaue Traubensorten, Rotkohl u.a.

Obst und Gemüse – fünfmal am Tag

Sekundäre Pflanzenstoffe sind so zahlreich, komplex und vielseitig zusammenwirkend, dass man sie nicht einzeln, sondern nur in ihrem natürlichen Zusammenhang in Lebensmitteln mit hohem Anteil an sekundären Pflanzenstoffen zu sich nehmen sollte. Man kann sich von der Auflistung auf Seite 51 inspirieren lassen und sich pflanzliche Nahrungsmittel in einer möglichst farbenfrohen Auswahl für die tägliche Nahrung zusammenstellen. Hilfreich ist auch die Empfehlung der Deutschen Gesellschaft für Ernährung (DGE), die unter dem Slogan »Five a day« fünf Portionen Gemüse und Obst pro Tag empfiehlt.

Bedeutung für den Sportler

Gerade für sporttreibende Menschen ist diese Empfehlung besonders wichtig; denn durch gesteigerte körperliche Aktivität nimmt die Sauerstoffaufnahme zu – und damit auch die Produktion freier Sauerstoff-Radikale (siehe Seite 55). Vielleicht findet hier auch die Tradition, beim Wasa-Lauf in Schweden Heidelbeersuppe anzubieten (Rezept siehe Seite 136), ihre wissenschaftliche Erklärung. Man sieht auch an diesem Beispiel, wie die Intuition der Wissenschaft oftmals vorausgeht.

Ballaststoffe

Bedeutung

Früher glaubte man, unverdauliche Nahrungsbestandteile hätten keine besondere Funktion. Deswegen wurden diese Stoffe als »Ballast« bezeichnet – ein großer Irrtum, denn heute weiß man, dass diese aus unverdaulichen Pflanzenfasern bestehenden Stoffe in einer Menge von mindestens 20 g pro Tag zu den notwendigen Bausteinen einer gesunden Ernährung gehören. Wenn die Nahrung zu wenig Ballaststoffe enthält, nimmt das Stuhlgewicht deutlich ab, und es kann zu einer chronischen Verstopfung (Obstipation) kommen, deren mögliche Folgen zahlreich sind, nämlich: Zwerchfellbruch, Hämorrhoiden, sackartige Ausstülpungen der Dickdarmwand (Divertikel) und auch die Entstehung von Dickdarmkrebs.

TIPP

Durch Zugabe von **Kleie** kann man den Ballaststoffgehalt einer ballaststoffarmen Ernährung erhöhen. Man muss dann aber auch ausreichend trinken, um die Kleie zum Quellen zu bringen.

Ballaststoffreiche Nahrungsmittel

Hülsenfrüchte (Erbsen, Bohnen, Linsen), Getreidekörner, Vollkornprodukte, Gemüse (Rosenkohl, Radieschen, Kohl), Trockenobst, Kleie.

Bedeutung für den Sportler

Breiten- und Gesundheitssportler sollten sich ihre Nahrungsmittel nach deren Vollwertigkeit und auch nach ihrem Ballaststoffreichtum auswählen. Leistungs- und Hochleistungssportler dagegen haben das Problem, dass ihr Nahrungsvolumen zu groß wird, sodass sie nach ballaststoffarmen Nahrungsmitteln Ausschau halten müssen. Man sieht auch hier, dass man immer zwischen Breiten- und Gesundheitssport und Leistungs- und Hochleistungssport differenzieren muss.

Tipps und Hinweise

Gewichtsabnahme – wie geht's am besten?

Wir wollen hier nicht die große Anzahl von Krankheiten aufzählen, die durch Übergewicht begünstigt werden. Wir wollen auch nicht die

Statistiken zitieren, die uns die Häufigkeit des Übergewichtes immer wieder vor Augen führen. Jeder weiß selbst, ob er zu viel Körperfett hat, das abgebaut werden muss, weil ein normales Körpergewicht eine wichtige Voraussetzung für bessere Gesundheit und höhere Leistungsfähigkeit ist.

Nehmen wir einmal an, ein junger Mann von 30 Jahren habe eine maximale Sauerstoffaufnahmefähigkeit (VO_2max) von 3 l (= 3000 ml) pro Minute. Wenn er 100 kg wiegt, sind das 30 ml/Kilogramm Körpergewicht. Wenn er auf 75 kg abnimmt, sind das 40 ml/Kilogramm Körpergewicht. Da die maximale Sauerstoffaufnahmefähigkeit (VO_2max) das Bruttokriterium für die Ausdauerleistungsfähigkeit ist, ist dieser Mann allein durch die Gewichtsabnahme (ohne Training) um 33 % leistungsfähiger! Eine so große Zunahme der aeroben Leistungsfähigkeit kann man allein durch Training gar nicht erreichen. Also sollte man beides kombinieren, um das beste Ergebnis zu erzielen.

Was tun, wenn die Pfunde nicht »purzeln«?

Es werden immer wieder Diäten propagiert, bei denen die Pfunde »purzeln«. Das geht aber nur bei Menschen, die vorher viele Ernährungsfehler begangen haben, vor allem mit einem hohen Anteil an Süßigkeiten, »Fast Food« und Süßgetränken. Wenn man diese Fehler beseitigt, nimmt man natürlich schnell ab. Was aber, wenn man keine derart eklatanten Fehler begangen hat? Dann erfordert die Gewichtsabnahme Geduld, Disziplin – und einen Plan. Man muss sich eine Strategie festlegen, die man langfristig durchhält – am besten lebenslang!

Ursachen erkennen

Meist kennt man seine Ernährungsfehler, ist aber zu »schwach«, um sie langfristig und konsequent zu vermeiden. Es schleichen sich Begründungen ins Unterbewusstsein, die einen immer wieder kapitulieren lassen. Man weiß, dass es »Adipositas-Gene« gibt, die einen Fettansatz genetisch begünstigen, und man sieht doch immer wieder Schlanke, die viel essen und trotzdem nicht zunehmen. Man sollte sich daher über eines klar sein: Andere sind für einen selbst nicht maßgebend. Das eigene Übergewicht zeigt an, dass die bisherige Lebensweise und Ernährung zu vermehrtem

DER ERSTE SCHRITT ZUR ERFOLGREICHEN GEWICHTSABNAHME

Unabdingbar: Alle »leeren Kalorienträger« und schnell ins Blut schießenden Kohlenhydrate weitestgehend aus der Ernährung eliminieren (weil sie den Insulinspiegel erhöhen und zum Fettansatz führen):

- **Zucker, zuckerhaltige Speisen und Getränke**
  Monosaccharide (Traubenzucker) und Disaccharide (Haushaltszucker, Rohrzucker)
  Süßwaren (Bonbons, Pralinen, Schokolade, Nougat, Marmelade, Torte)
  zuckerhaltige Getränke (Limonaden, Coca-Cola)
- **Weißmehlprodukte**
  Weißbrot, Brötchen (Semmeln), Toast, Kuchen, Kekse u. a.
- **Polierter** Reis
- **Stark fetthaltige und mit viel Fett zubereitete Speisen**
  Panierte Speisen (Schnitzel u. a.), Rohrnudeln, Pfannkuchen, fette Wurst, fetter Schinken, »Fast Food«
- **Alkohol**
  (1 g Alkohol enthält 8 kcal!)

Fettansatz geführt hat. Also muss man diese persönlichen Umstände so ändern, dass man sein Wunschgewicht erreicht.
Tatsache ist, dass in Zeiten des Mangels alle Menschen schlank werden – auch die mit den »Adipositas-Genen«. Daraus kann man schließen, dass das Körpergewicht doch irgendwie mit der Ernährung zusammenhängt …

»Light« ist auch keine Lösung

Zuckerersatzstoffe, Süssstoffe und »Light«-Produkte sparen zwar Kalorien, aber das Süßigkeitsbedürfnis bleibt oder wird sogar verstärkt, sodass man dann doch irgendwann wieder zuckerhaltige Produkte zu sich nimmt – denn:

»Es gibt keinen vorübergehenden Genuss, es bleibt die Erinnerung.«

Johann Wolfgang von Goethe

Mit Triple-Strategie zum Erfolg

Unter Strategie versteht man eine langfristig geplante Verhaltensweise, die dazu führt, ein bestimmtes Ziel zu erreichen. Das ist im Leben allgemein und bei der Gewichtsabnahme besonders wichtig. Vor allem sollte man die Zusammenhänge zwischen Kohlenhydraten, Insulin, Insulinresistenz und Fettansatz verstanden haben.

1. Schritt: Den Insulinspiegel niedrig halten

- Insulin ist ein Masthormon (siehe Seite 30). Kohlenhydrate insgesamt drastisch reduzieren, keine Kohlenhydrate mit einem glykämischen Index (GI) über 40 (siehe Seite 30) zu sich nehmen und alle »leeren Kalorienträger« (siehe Kasten Seite 53) vermeiden. Vor allem abends keine Kohlenhydrate, da ein nachts erhöhter Insulinspiegel zu einem besonders hohen Fettansatz führt.
- Sechs kleine Mahlzeiten sind besser als drei große – aber drei kleine sind noch besser als sechs kleine! Den Abstand zwischen den Mahlzeiten vergrößern, um dem Körper Zeit zu geben, auf seine Fettreserven zurückzugreifen.
- Insulinresistenz beseitigen. Das geht am besten durch Ausdauertraining in moderatem Tempo (siehe unten).

2. Schritt: Täglich 500 kcal einsparen, den Eiweißanteil erhöhen

Studien über Gewichtsabnahme gibt es wie Sand am Meer. Die Quintessenz aller Studien ist aber: Man kommt nicht darum herum, dass man täglich mindestens 500 kcal einsparen muss (auch wenn man zusätzlich Sport betreibt). Auch wenn Wissenschaftler sich über die günstigste Nährstoffrelation für die Gewichtsabnahme streiten, scheint es inzwischen doch eindeutig zu sein, dass man leichter Gewicht abnimmt, wenn man Kohlenhydrate auf ein Minimum reduziert und den Eiweißanteil (mit mageren Eiweißspendern, siehe Seite 37) erhöht.

3. Schritt: Ausdauertraining

Durch die Lebensweise in der Zivilisation mit vorwiegend sitzender Tätigkeit und regelmäßiger Nahrungszufuhr hat es der Körper verlernt, Energie aus seinen Fettreserven zu gewinnen. Diese Fähigkeit muss man ihm wieder beibringen, nämlich durch ein richtig dosiertes Ausdauertraining in Kombination mit knapper Ernährung. Der Körper verbrennt nur dann Fette, wenn er genügend Sauerstoff zur Verfügung hat. Deswegen soll das Tempo beim Fettstoffwechseltraining (Grundlagenausdauer GA 1 und GA 2) so gering sein, dass man noch genügend Sauerstoff zur Fettverbrennung zur Verfügung hat. Das äußere Zeichen dafür ist, dass man dabei noch einen Satz zusammenhängend ohne Atemnot sprechen kann (oder könnte). Außerdem braucht der Fettstoffwechsel Zeit, bis er so richtig in Gang kommt. Man sagt zwar, eine halbe Stunde Training sei genug, aber, wenn man ehrlich ist, reicht das nicht ganz – besser wäre schon eine Stunde und zusätzlich ein ausgesprochenes Fettstoffwechseltraining von ein bis zwei Stunden einmal in der Woche. Es hat sich auch bewährt, zusätzlich ein- bis zweimal pro Woche Krafttraining oder täglich eine kraftbetonte Gymnastik durchzuführen.

Das Motiv für das Ausdauertraining sollte nicht nur der Kalorienverbrauch sein (denn der ist relativ gering, siehe Seite 24). Es sind noch andere Faktoren, die die Gewichtsabnahme durch ein Ausdauertraining begünstigen, nämlich das direkte Training des Fettstoffwechsels, die Erhöhung des Grundumsatzes (siehe Seite 23), die Regulierung des Appetits und das Gefühl, auch ohne Nahrungsaufnahme leistungsfähig und lebensfähig zu sein.

MODELL EINES FREIEN RADIKALS MIT UNGEPAARTEM ELEKTRON

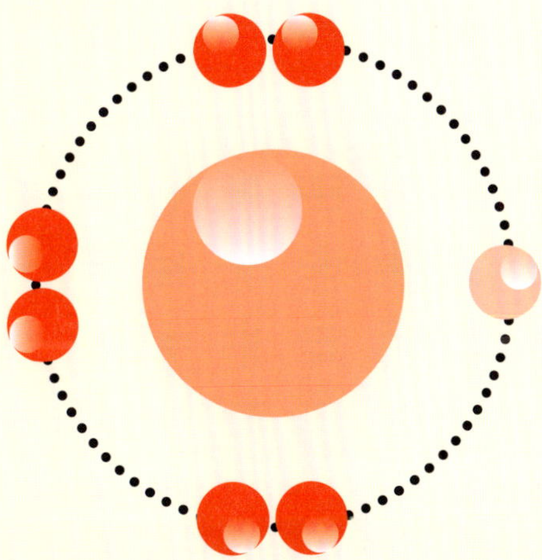

Sich vor freien Radikalen schützen

Freie Radikale sind Atome oder Moleküle, die ein freies ungepaartes Elektron in ihrer »Elektronenschale« aufweisen (siehe Abbildung unten links). Dadurch sind diese »freien Radikale« sehr labil und entreißen das ihnen fehlende Elektron benachbarten Atomen und Molekülen – die dadurch selbst zu freien Radikalen werden. Dadurch entsteht eine Kettenreaktion, die zur Schädigung der Gene (DNA) sowie von Proteinen, Enzymen, Lipiden, Cholesterin und Zellmembranen führt – bis ein Antioxidans erscheint, das den freien Radikalen in selbstloser Weise ein Elektron abgibt, ohne selbst zum freien Radikal zu werden. Erst dann ist die Kettenreaktion beendet.

Freie Radikale entstehen durch Umweltfaktoren (UV-Licht, Schadstoffe, Tabakrauch, Medikamente, zu viel freies Eisen durch den Verzehr von rotem Fleisch), aber vor allem auch im Körper selbst, nämlich in den Mitochondrien, den Kraftwerken der Zelle. Hier findet der oxidative Stoffwechsel zu Energiegewinnung statt, bei dem freie Sauerstoffradikale als Nebenprodukte in einer Größenordnung von 2 bis 3 % entstehen. Da durch körperliche Aktivität der oxidative Stoffwechsel gesteigert wird, fallen dabei auch vermehrt freie Sauerstoffradikale an. Die Frage ist nun, wie sich der Körper gegen diesen »oxidativen Stress« durch freie Radikale schützt – und wie man ihm dabei helfen kann.

Physiologische Abwehrmechanismen gegen freie Radikale

Es ist aber nicht so, dass freie Radikale immer schädlich sind; denn das Immunsystem benutzt freie Radikale, um Krankheitserreger zu vernichten. Fachmännisch heißt dieser Vorgang »Respiratory Burst«. Es wäre also nicht klug, alle freien Radikale zu eliminieren, sondern die weise Natur hat zahlreiche aufeinander abgestimmte Schutzsysteme für den Körper entwickelt.

Enzymatische und nicht-enzymatische Schutzsysteme

Um zu zeigen, wie komplex alles ineinandergreift, hier nur einige Hinweise. Die wichtigsten enzymatischen Abwehrsysteme gegen freie Radikale sind die Superoxid-Dismutase (SOD) in den Mitochondrien, die von dem Spurenelement Mangan abhängig ist. Die im Zellplasma wirkende Superoxid-Dismutase (SOD) ist abhängig von Kupfer und Zink. Außerdem gibt es die Glutathion-Peroxidase, die nur zusammen mit Selen wirksam ist.
Die wichtigsten Bestandteile der nicht-enzymatischen Abwehrsysteme (Antioxidanzien) sind Vitamin E, Beta-Carotin, Lykopin (Tomatenfarbstoff), Vitamin C und die große Zahl von sekundären Pflanzenstoffen (Polyphenole, Flavone, Flavonoide, Antocyane u. a.).

Sport – frei von freien Radikalen

Normalerweise spielt sich im Körper ein Gleichgewicht ein zwischen den Sauerstoff-Radikalen, die bei den oxidative Stoffwechselvorgängen entstehen, und den über alle Zellstrukturen verteilten enzymatischen und nicht-enzymatischen Schutzsystemen. Wenn aber die Produktion der Sauerstoffradikale die Kapazität der natürlichen Schutzsysteme übersteigt, wird der Körper von freien Radikalen überschwemmt und durch sie von innen heraus chemisch geschädigt. Das ist das, was man als »oxidativen Stress« bezeichnet. Der Mensch kann also nicht nur psychisch und physisch, sondern auch oxidativ gestresst werden. Der oxidative Stress ist schädlich und muss vermieden werden, damit er nicht die oben beschriebenen schädlichen Wirkungen entfaltet.

Oxidativen Stress vermeiden

Mit folgender Doppelstrategie beugt man oxidativem Stress wirkungsvoll vor.

1. Prinzip der Allmählichkeit

Durch körperliche Aktivität und Sport nimmt der Körper 4- bis 12-mal so viel Sauerstoff wie im Ruhezustand auf. Daran muss er sich erst einmal sukzessive gewöhnen. Deswegen muss man mit sportlicher Aktivität langsam beginnen und mit geringer Intensität, damit der Körper Zeit hat, seine antioxidativen Schutzsysteme hochzuregulieren. Das dauert im Alter länger als in der Jugend. Aus diesem Grund ist das Prinzip der Allmählichkeit (siehe Seite 14) ein wichtiger Trainingsgrundsatz (vor allem auch im Alter), um oxidative Schäden zu vermeiden.

2. Antioxidanzien

Durch Zufuhr antioxidanzienreicher Nahrungsmittel (siehe unter Vitamin C, Vitamin E, Beta-Carotin, Zink, Selen, sekundäre Pflanzenstoffe, Seite 43 ff.) werden die enzymatischen Schutzsysteme gegen freie Radikale unterstützt. Außerdem wirken Antioxidanzien, wie ihr Name es ausdrückt, auch direkt antioxidativ. Zunächst sollte man sich bei zunehmender sportlicher Aktivität (vor allem bei erhöhter Intensität) auf jene Nahrungsmittel konzentrieren, die besonders reich an den genannten Mikronährstoffen sind. Wenn man glaubt, zusätzlich antioxidative Schutzstoffe zuführen zu müssen (oder wenn ein Mangel laborchemisch nachgewiesen ist), sollte man den Körper nicht mit zu hohen Dosierungen belasten, sondern eine »orthomolekulare« Dosierung und Zusammensetzung anstreben, wie sie auch im Körper vorhanden ist.

Merke:

Der wichtigste Schutz gegen oxidativen Stress ist ein geduldig aufgebautes mehrjähriges Training mit nur allmählich steigender Intensität in Verbindung mit einer natürlichen, biologisch hochwertigen und an Mikronährstoffen (Antioxidanzien) reichen Ernährung.

»Lebendige« Nahrungsmittel

Ernährung ist die Umwandlung einer Lebensform in eine andere. Was »Leben« ist, weiß man nicht. Man kann viele biologische Strukturen chemisch herstellen – aber sie leben nicht. Bemerkenswert ist, dass sich Menschen mit natürlicher Lebensweise, zu denen auch Sportler gehören, zu natürlichen Nahrungsmitteln hingezogen fühlen, die man als »lebendig« bezeichnen könnte (siehe unten).

Man könnte diese Überlegungen als esoterisch abtun – aber inzwischen kann man das »Leben« in den Nahrungsmitteln (oder besser gesagt: Lebensmitteln) auch wissenschaftlich messen. Professor Manfred Hoffmann (Universität Weihenstephan) hat nämlich nachgewiesen, dass lebendige Nahrungsmittel ein höheres Redoxpotenzial aufweisen als andere Nahrungsmittel. Das heißt, dass sie mehr Elektronen besitzen und dadurch in der Lage sind, freie Radikale besser zu neutralisieren und so den Organismus vor oxidativem Stress zu schützen. Auch Nahrungsmittel aus biologischem Anbau weisen dieses höhere Redoxpotenzial auf. Nahrungsmittel aus »normalem« Anbau mögen zwar biochemisch gleich zusammengesetzt sein – aber sie weisen nicht dieses hohe Redoxpotenzial auf.

Erfahrene Sportler haben schon immer ein sehr gutes Gespür für die richtigen Trainings- und Ernährungsweisen entwickelt, die ihre Leistung fördern. So haben sie auch schon in früheren Zeiten immer instinktiv einen natürlichen Appetit auf natürliche lebendige Nahrungsmittel entwickelt.

Hier bewahrheitet sich das, was der berühmte französische Physiologe Claude Bernard sagte: »Man sollte nicht die praktischen Erfahrungen an die Theorie anpassen, sondern umgekehrt die Theorie an die praktischen Erfahrungen.«

WEIZENKEIME: INHALTSSTOFFE

	pro 100 g
Eiweiß	28 g
Kohlenhydrate	32 g
Fett	10 g
Ballaststoffe	16 g
Vitamin E	28 mg
Folsäure	500 µg
Zink	14 mg
Selen	100 µg
Chrom	70 µg
Mangan	15 mg
Kupfer	1,0 mg
Molybdän	100 µg

»LEBENDIGE« NAHRUNG

- Frisches Obst, frisches Gemüse
- Frische Obst- und Gemüsesäfte
- Frische Salate
- Getreidekörner mit Keim (Frischkornbrei, Vollkornprodukte mit Keim)
- Getreideflocken (Haferflocken, Weizenflocken)
- Milch und Milchprodukte Käse (Camembert, Roquefort), Joghurt, Kefir
- Hefe, Hefeflocken, Enzym-Hefezellen
- Weizenkeime
- Sojabohnen
- Nüsse
- Honig, Blütenpollen
- Obstessig
- Knoblauch
- rohes Fleisch (Tatar), halbrohes Steak

Nahrungsergänzung

Einigkeit besteht in der Ernährungsmedizin darin, dass man Mangelzustände ausgleichen und das natürliche innere Gleichgewicht (Homöostase) wiederherstellen und erhalten sollte. Nur so kann man auf Dauer gesund und leistungsfähig sein. Viele Nahrungsmittel enthalten heute weniger Mikronährstoffe als noch vor zwanzig Jahren (siehe Seite 39). Daher sollte man bei den auf Seite 40 genannten Sondersituationen über eine sinnvolle Ergänzung auch der gesunden Nahrung zumindest nachdenken.

Die Nahrung auf natürliche Weise aufwerten

Zuerst sollte man sich überlegen, wie man die Nahrung durch Nahrungsmittel mit einer besonders hohen Nährstoffdichte auf ganz natürliche Weise aufwerten kann.

Weizenkeime (siehe Tabelle Seite 57)

Weizenkeime sind »Zündstoffe des Lebens« und enthalten in hoher Nährstoffdichte Eiweiß, Vitamin E, Folsäure, Zink, Selen, Chrom und außerdem Magnesium, Kupfer, Mangan und Lezithin. Weizenkeime kann man im Reformhaus kaufen.

Acerola-Taler (Reformhaus)

Diese Taler werden aus Acerolakirschen, Hagebutten und schwarzen Johannisbeeren hergestellt, sie enthalten reichlich natürliches Vitamin C in Verbindung mit sekundären Pflanzenstoffen.

Kakao, Bitterschokolade

Dunkle Schokolade enthält zahlreiche sekundäre Pflanzenstoffe (vor allem Flavone und Flavonoide).

Hefeflocken, Enzym-Hefezellen

Diese punkten mit einem hohen Gehalt an Vitaminen des B-Komplexes (vor allem B_1) und Spurenelementen wie Selen, Zink und Chrom. Man findet sie in Reformhaus oder Apotheke.

Sonstiges

Weitere natürliche Nahrungsergänzungen sind Konzentrate aus Obst-, Gemüse- und Kräutersäften, die neben Mikronährstoffen auch eine hohe Konzentration an sekundären Pflanzen- und Vitalstoffen enthalten.
Wenn man dann noch nach weiteren Nahrungsergänzungsmitteln (NEM) Ausschau hält, sollte man sich für ein Basispräparat entscheiden, das alle in der Zivilisationskost vorhandenen Schwachpunkte in orthomolekularer Zusammensetzung ausgleicht. Schwerpunktmäßig könnte man noch überlegen, Omega-3-Fettsäuren (Fischöl, Krillöl) und vielleicht auch Coenzym Q10 (vor allem wenn man zur Cholesterinsenkung sogenannte Statine einnimmt) zu ergänzen. Soweit Nahrungsergänzungen angezeigt sind, sollte man sie nicht irgendwo im Internet beziehen, sondern bei Firmen, die über einen hohen Qualitätsstandard und einen hochkarätigen wissenschaftlichen Beirat verfügen.

Nährstoffkonzentrate

Im Leistungs- und Hochleistungssport werden in besonderen Situationen Nährstoffkonzentrate eingesetzt, die eine besonders hohe Nährstoffdichte bei kleinem Volumen aufweisen:

- Eiweißkonzentrate (Proteinkonzentrate)
- Kohlenhydratkonzentrate
- Kohlenhydrat-Mineralstoffgetränke
- Regeneration- und Aufbaukonzentrate

Nährstoffkonzentrate sollte man stets gezielt und entsprechend dem tatsächlichen Bedarf einsetzen, ohne die gesunde Basisernährung zu vernachlässigen.

»Geheimrezepte«

Die Sehnsucht des Menschen nach Steigerung seiner geistigen und körperlichen Kräfte ist so alt wie seine Geschichte. Im Grunde gibt es keine Geheimrezepte im wirklichen Sinn, aber es gibt Stoffe und Substanzen in der Natur, die zusammen mit einer gesunden Lebensweise, dem richtigen Training und einer gesunden Ernährung zusätzlich Gesundheit und Leistungsfähigkeit fördern. Wir führen hier nur einige Beispiele an, die sich seit langer Zeit praktisch bewährt haben.

OBEN: Unser persönliches »Geheimrezept« für mehr Power: Energiekugeln (Rezepte siehe Seite 139).

Weizenkeime und andere Keime

Schon 3000 Jahre vor Christus empfahl der chinesische Kaiser Shen-Nung, auch der »göttliche Ackerbauer« genannt, Sojabohnensprossen zur Erhaltung der Gesundheit. In den ersten Wachstumsphasen der Pflanzen laufen Stoffwechselvorgänge ab, die zum Beispiel den Vitamin-C-Gehalt um 500 %, den von Vitamin A um 300 % und den von Vitamin E um 33 % ansteigen lassen. Außerdem entstehen in den Keimen natürliche Proteine, Lezithine, sogenannte Biostimuline und Wachstumsfaktoren, die in verarbeiteten Nahrungsmitteln nicht enthalten sind.

In der Sporternährung können Keimlinge aus Getreidekörnern (Hafer, Gerste, Weizen u. a.), Bohnen (vor allem Sojabohnen), Hülsenfrüchten (vor allem Kichererbsen, Gartenerbsen) und Samen (Luzerne, Senf, Sesam, Kresse u. a.) eine wertvolle Bereicherung der vollwertigen und lebendigen Nahrung sein (siehe auch Rezeptteil Seite 140).

Hafer

»Ihn sticht der Hafer« ist ein alter Spruch – und er hat auch seinen Grund. Denn eine große Zahl von Beobachtungen und Studien haben ergeben, dass eine regelmäßige tägliche Aufnahme von Hafer (Haferflocken, Haferschrot, Hafergrütze) eine Steigerung der körperlichen und geistigen Leistungsfähigkeit bewirkt. Die Leistungssteigerung zeigt sich in einem verbesserten Durchhaltevermögen, geringerer Ermüdbarkeit, einer erhöhten Widerstandsfähigkeit gegen Wettereinflüsse und einer schnelleren Regenerationsfähigkeit nach erschöpfenden Belastungen. Nicht umsonst stellen Hafer und Haferprodukte eine Grundausstattung für die Ernährung bei Forschungsexpeditionen dar. Sowohl im Leistungs- und Hochleistungssport wie im Breiten- und Gesundheitssport hat sich

die leistungsfördernde Energielieferung durch Haferkost bewährt.
Wissenschaftliche Untersuchungen weisen auch auf folgende Effekte des Hafers hin: Psychotrope, antidepressive Wirkung, positive Wirkungen auf den Magen-Darm-Trakt, wachstumsfördernde Wirkung bei Kindern, Beseitigung von Eiweißmangelzuständen, Senkung erhöhter Cholesterinwerte, anti-diabetische Wirkung bei Zuckerkrankheit u. a.

Blütenpollen

Als Pollen bezeichnet man den »Staub« männlicher Keimzellen von Blütenpflanzen. In alten Berichten wurden Pollen als eine der Ursubstanzen des Lebens bezeichnet, die eine komplexe Konzentration vieler biologisch aktiver Stoffe enthalten. Im Bienenstock vervielfachen die mit Pollen gefütterten Larven innerhalb von sechs Tagen ihr Gewicht um das 1500-Fache! Die Wikinger ernährten sich auf ihren monatelangen Meeresfahrten von Honigwaben mit Blütenstaub, die sie »Ambrosia« nannten und in großen Krügen mitnahmen. Durch diese Ernährung hatten sie einen ausgezeichneten Schutz gegen Mangelkrankheiten und darüber hinaus eine leistungssteigernde Wirkung. Inzwischen haben auch viele Hochleistungssportler gute Erfahrungen mit Blütenpollen in der Regenerationsphase gemacht.

Gelee Royale

Der Bienenkönigin-Futtersaft oder Weisel-Futtersaft ist eine geleeartige weiße Substanz, die nur von jungen Bienen in speziellen Drüsen erzeugt werden kann. Obwohl die Bienenzucht fast so alt wie die Menschheit ist, entdeckte man die an ein Wunder grenzende Wirkung des Bienenkönigin-Futters erst in jüngerer Zeit. Durch Gelee Royale wachsen die Larven der Bienenkönigin auf das 3000-Fache (!) ihres ursprünglichen Gewichtes. Ein derartig explosives Wachstum ist in der ganzen übrigen Natur ohne Beispiel. Dafür ist allein die Fütterung mit Gelee Royale verantwortlich.
Auch bei Menschen gibt es zahlreiche Forschungsberichte darüber, dass Gelee Royale signifikante Wirkungen bei der Regeneration und Revitalisierung zeigt. So haben Radrennfahrer schon vor vielen Jahrzehnten, besonders in Frankreich, zum Aufbau und zur Regeneration Kuren mit Gelee Royale durchgeführt.

Ginseng

Ginseng wird als »teuerste Wurzel der Welt« bezeichnet und ist zugleich einer der ältesten und geheimnisvollsten natürlichen Stoffe, der in Asien auch »Wurzel der Unsterblichkeit« genannt und in asiatischen Herrscherhäusern sogar mit Gold aufgewogen wurde. Westliche wissenschaftliche Untersuchungen haben die leistungsfördernde und belebende Wirkung von Ginseng durch Stimulation des zentralen Nervensystems und Förderung der Gehirnfunktion bestätigt. Man muss allerdings individuell testen, wie man Ginseng in welcher Dosierung verträgt. Überdosierungen können zu erhöhter Nervosität, Herzklopfen und Schlaflosigkeit führen. Sportler, die Ginseng zur Leistungsförderung einsetzen wollen, sollten daher auf eine mittlere Dosierung achten und nur standardisierte Extrakte verwenden. Die Wirkungen von Ginseng sind offenbar so komplex, dass sie durch einzelne Studien nicht eindeutig belegt oder erklärt werden können. Ginseng führt nicht direkt zu einer Leistungssteigerung, sondern kann richtig dosiert und zum richtigen Zeitpunkt eingesetzt zu einer schnelleren Regeneration und erhöhten Leistungsbereitschaft führen – was indirekt unter dem Strich doch eine gewisse Leistungsförderung zur Folge haben kann.

Wie man sich auf einen Wettkampf vorbereitet

Dieses Buch ist zwar vorwiegend für Breiten- und Gesundheitssportler – aber auch für leistungsoriente Freizeitsportler geschrieben. Dazu gehört auch das Bedürfnis, die durch geduldiges Training aufgebauten Kräfte mit anderen zu messen, vielleicht bei einem Volkslauf (City-Lauf, Halbmarathon, Marathon) oder Radmarathon. Solche (Massen-)Veranstaltungen sind heute sehr populär, was dazu führen kann, dass man die Gefahren unterschätzt und sich überfordert. Dem sollte man vorbeugen, indem man sich lange genug vorbereitet, mit dem richtig aufgebauten Trainingsprozess und der in den Trainingsprozess integrierten richtigen Ernährung.

Vorbereitung

»In sieben Monaten zum Ironman nach Hawaii« ist ein verlockender Slogan – aber unvernünftig. Auch wenn die Menschen heutzutage wenig Zeit haben, und alles schnell gehen muss, beeinflusst das die Natur nicht. Anpassungsvorgänge im Organismus brauchen nach wie vor ihre Zeit. Das Training für einen Marathonlauf (oder auch Radmarathon) muss systematisch und allmählich aufgebaut werden. Wir haben erwähnt, dass ein Hochleistungssportler durchschnittlich 12 Jahre (!) braucht, um seine Höchstform zu erreichen. So lange braucht ein Breiten- und Gesundheitssportler nicht – aber drei bis vier Jahre schon.

Ärztliche Untersuchung

Wenn man vor einem City-Marathon eine ärztliche Untersuchung durchführen lässt, darf man ihre Bedeutung nicht überschätzen. Ein Ruhe-EKG sagt über die Fähigkeit, die Marathonstrecke zu laufen (vor allem auch bei unterschiedlichen Wetterbedingungen), überhaupt nichts aus. Ein Belastungstest auf dem Fahrradergometer ist schon etwas aussagekräftiger – aber die Untersuchung ist erstens nicht sportartspezifisch (Laufen ist etwas anderes als Radfahren) und dauert zweitens vielleicht nur eine halbe Stunde. So kann man ebenfalls keine sichere Aussage über die Fähigkeit treffen, in einem Wettkampf mehrere Stunden zu laufen.

Am besten ist es, wenn der Sportler mit seinem Trainingskalender zum Arzt kommt und dokumentiert, dass er mehrere Jahre regelmäßig Ausdauer über genügend lange Strecken trainiert hat. Das Training sollte man zusammen mit einem erfahrenen Trainer oder erfahrenen Marathonläufer aufbauen.

Der beste Ratschlag für die Gestaltung des Trainings ist wie bei der Ernährung der Ratschlag, zunehmend intuitiver zu werden. Auch im Alltag ist das so: Der Intellekt ist gescheit, aber die Intuition ist weise und bewahrt uns mehr vor Fehlern als der Intellekt. Da aber der Intellekt die Antenne für die Intuition entwickelt, ist beides wichtig – der Fortschritt ist die zunehmende Verlagerung des Bewusstseins in Richtung Intuition, das innere Gespür, die somatische Intelligenz (siehe Seite 63).

Antioxidant Revolution

Dr. Kenneth H. Cooper, der wesentlich an der Initiation der Aerobic-Welle und der City-Marathons beteiligt war, schrieb aufgrund seiner langjährigen Erfahrungen mit Teilnehmern an City-Marathons das Buch »Antioxidant Revolution«. Er hatte beobachtet, dass ausgerechnet jene Marathonläufer, die besonders viele City-Marathons absolvierten, gerade die Krankheiten häufiger bekamen, von denen er glaubte, dass man sie durch Ausdauertraining vermeiden könne, nämlich Arteriosklerose,

VERGRÖSSERUNG DER MUSKEL-GLYKOGENSPEICHER BEI KOHLENHYDRATREICHER ERNÄHRUNG

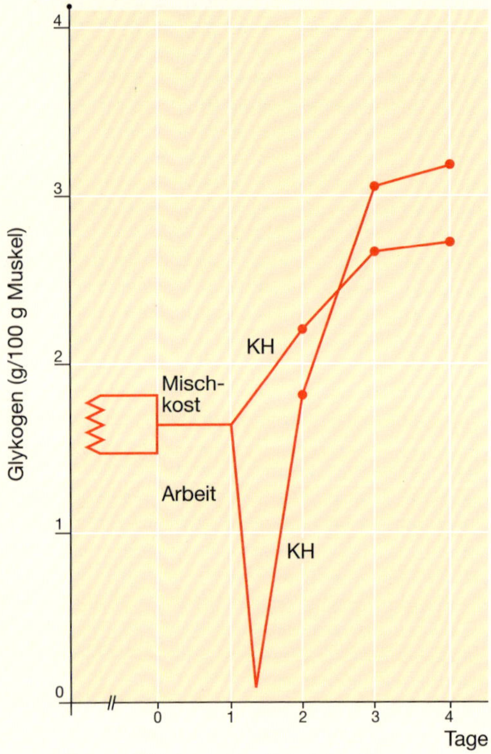

Herzinfarkt, Schlaganfall und sogar Krebserkrankungen. Er führte dies auf die Überschwemmung des Körpers mit freien Radikalen zurück, die ihre schädliche Wirkung entfalteten, weil die antioxidativen Schutzsysteme noch nicht ausreichend entwickelt waren (siehe Seite 56). Dieser Entwicklung der antioxidativen Schutzsysteme muss man Zeit lassen, nämlich durch einen langjährigen Trainingsprozess, dessen Intensität nach dem Prinzip der Allmählichkeit an den aktuellen Leistungsstand angepasst wird. Außerdem sollte in das Training eine antioxidanzienreiche Ernährung integriert werden (siehe Seite 51).

Auffüllung und Vergrößerung der Muskelglykogenspeicher

Die Größe der Muskelglykogenspeicher hängt von der Ernährung und von der vorausgegangenen Ausdauerbelastung ab.
Wie bereits erwähnt, enthält der Skelettmuskel bei normaler Mischkost durchschnittlich 1,5 g Glykogen pro 100 g Muskelgewebe, bei kohlenhydratreicher Kost bis 2,0 g (siehe Abbildung links). Wenn man sie jedoch vorher durch eine Ausdauerbelastung fast vollständig entleert und sie dann durch eine kohlenhydratreiche Ernährung wieder auffüllt, macht man sich das Prinzip der Superkompensation zunutze: Der Muskel lagert dann mehr Glykogen ein als vorher.
Praktisch bedeutet das: Man entleert 3 bis 4 Tage vor dem Wettkampf die Muskelglykogen-Speicher durch ein langes Ausdauerbelastungstraining (1 bis 2 oder sogar 3 Stunden).
In den folgenden 3 bis 4 Tagen wird die Ernährung überwiegend kohlenhydratreich gestaltet, und das Training so locker fortgesetzt, dass die Einlagerung des Glykogens in die Arbeitsmuskulatur nicht beeinträchtigt wird. Dann hat man am Wettkampftag Muskelglykogen-Speicher in einer Größenordnung von 400 bis 500 g – was einer Kohlenhydratenergie-Reserve von 1600 bis 2000 kcal entspricht.

Wettkampfverpflegung

Während des Wettkampfes gibt es bei Marathonläufen Verpflegungsstationen, meistens auch bei Radmarathons. Die Wettkampfverpflegung bei Radrennfahrern besteht in der Regel aus Energieriegeln, Bananen, Reiskuchen, belegten Partybrötchen und Trockenfeigen (ohne Schwefel!) u.a. Als Getränke haben sich im Wettkampf Elektrolyt-Getränke bewährt, die außer Mineralstoffen auch energieliefernde Kohlenhydrate (Glukose, Maltodextrin) enthalten.

Somatische Intelligenz

Wer sich täglich mit seinem Körper und dessen Reaktionen auseinandersetzt, lernt ihn viel besser kennen als der Durchschnittsmensch. Beim Sportler entwickelt sich auf diese Weise eine besondere Intelligenz, eine erhöhte Wahrnehmungsfähigkeit für Vorgänge im Körper. So entwickelt sich bei Sportlern wie von selbst der Appetit in Richtung auf Nahrungsmittel, die man gewöhnlich als »gesund« bezeichnet und umgekehrt nimmt die Bereitschaft zu, Ernährungsfehler zu begehen, wenn der Trainingszustand wieder abnimmt (zum Beispiel in der Übergangsphase vor dem Wintertraining). Die Entwicklung eines solchen Gespürs ist eine Form von »Körperintelligenz« (oder somatische Intelligenz, griechisch soma = Körper). Die somatische Intelligenz ist genauso trainierbar wie körperliche Bewegungsabläufe. Sie entwickelt sich aber nur, wenn man sich nicht zu abhängig von Computern, Messgeräten und Apps macht. Wenn die somatische Intelligenz gut entwickelt ist, braucht der Sportler auch nicht unbedingt starre Speisepläne, sondern ihm genügen einige Beispiele und strategische Grundlagen einer vollwertigen, bedarfsangepassten Ernährung, wie sie in diesem Buch dargelegt sind. Mit somatischer Intelligenz werden Training und Ernährung intuitiv – und damit automatisch richtig.

»Praxis ohne Theorie ist blind, Theorie ohne Praxis ist ohne Leben« – das war unser Slogan zu Beginn. Nun kommt die Praxis, um dem Ganzen Leben zu geben. Dabei können die Rezepte nur Hinweise und Beispiele dafür geben, wie man die Ernährung gestalten könnte. Das Besondere an den Rezepten ist die Tatsache, dass wir uns an möglichst natürlichen und vollwertigen Nahrungsmitteln orientiert haben. Die Aufgabe des kundigen Lesers besteht darin, diese Rezepte nach den bisher gegebenen Richtlinien flexibel in den Trainingsprozess zu integrieren. Denn gesund und leistungsfördernd ist die Ernährung vor allem dann, wenn sie vollwertig ist und an den tatsächlichen Bedarf angepasst wird. Kaufen Sie frische, natürliche und biologisch hochwertige Produkte. Achten Sie auf schonende Garprozesse und nehmen Sie sich beim Kochen und Essen Zeit. Smartphone und Co. können warten. Mahlzeit kommt von mahlen: Kauen Sie sorgfältig, die Verdauung beginnt bereits mit dem Einspeicheln beim Kauen. Das hochwertigste Lebensmittel verliert an Wertigkeit, wenn es achtlos und hastig geschluckt wird.

OBEN: An die Töpfe, fertig los! Wer selbst kocht, weiß ganz genau, was die eigene Nahrung enthält.

Sporternährung – die Rezepte

DIE FOLGENDEN REZEPTE FÜR HAUPTGERICHTE, ZWISCHENMAHLZEITEN UND GETRÄNKE UNTERSTÜTZEN SIE BEI EINER AKTIVEN, GESUNDEN LEBENSWEISE. WENN NICHT ANDERS ANGEGEBEN, IST DIE ZUTATENMENGE FÜR 2 PORTIONEN BERECHNET. DER SCHWERPUNKT LIEGT AUF VEGETARISCHEN GERICHTEN, SIE FINDEN ABER AUCH REZEPTE MIT FISCH UND FLEISCH.

HAUPTGERICHTE

Gesunde Eiweißspender und reichlich frische Zutaten sorgen für eine ausgewogene Nährstoffbilanz. Wenn möglich, versuchen Sie, Ihre Hauptmahlzeit erst nach dem Training zu sich zu nehmen.

Hafer-Quark-Nocken auf Rote-Bete-Gemüse

Für das Gemüse ca. 200 g frische Rote oder Bunte Bete – 30 g Butter – ½ kl. Zwiebel, gewürfelt – Salz – 1 Msp. gem. Kümmel
Für die Quark-Nocken 1 Ei + 1 Eigelb – 100 g frisch gemahlener Haferschrot – 250 g Speisequark – Salz – 15 g Hartkäse am Stück, z. B. Pecorino – 1 EL Schnittlauch oder Petersilie, gehackt

1. Für das Gemüse Rote Bete schälen, halbieren und in Scheiben schneiden. 10 g Butter in einem Topf erhitzen, Zwiebelwürfel zugeben und anschwitzen. Rote Bete zugeben, den Topf zur Hälfte mit Wasser auffüllen. Mit Salz und Kümmel würzen und ca. 45 Minuten auf kleiner Hitze weichdünsten.

2. Währenddessen für die Quark-Nocken Wasser in einem großen flachen Topf erhitzen. Das Ei trennen, Eiweiß zu Schnee schlagen. Haferschrot mit dem Quark und etwas Salz vermengen. Eigelbe zugeben und mit der Masse verrühren. Zum Schluss den Eischnee unterheben.

3. Das siedende Wasser leicht salzen. Mit 2 Esslöffeln Nocken von der Hafer-Quark-Masse abstechen und vorsichtig in das Wasser setzen, ca. 15 Minuten siedend garen. Kurz vor Ende der Garzeit die restliche Butter in der Pfanne schmelzen und leicht anbräunen lassen.

4. Die Nocken mit einem Schaumlöffel aus dem Wasser heben, auf dem Rote-Bete-Gemüse anrichten, Käse darüber reiben, mit den Kräutern bestreuen und mit der braunen Butter übergießen.

kohlenhydrathaltig, eiweißbetont
zum Beispiel vor oder nach intensivem Ausdauertraining oder kraftbetonten Trainingseinheiten

Nährwerte pro Portion
563 kcal – 41 g Kohlenhydrate – 30 g Eiweiß – 30 g Fett

Gefüllte Tomaten mit Hüttenkäse, Wildkräutern und Amaranth

400 g kleine Pellkartoffeln – Salz – 1 Handvoll gemischte Wildkräuter, z. B. junger Löwenzahn, Bärlauch, Sauerampfer, junge Girschblätter, Gänseblümchen – 4 große Tomaten – 250 g Hüttenkäse – 50 g gepuffter Amaranth – 50 g Haferflocken – 4 EL Olivenöl – Pfeffer aus der Mühle

1. Die Kartoffeln gründlich säubern, in einen Topf geben und knapp mit Wasser bedecken. Das Wasser zum Kochen bringen, salzen. Die Kartoffeln in 20–25 Minuten garen.

2. Inzwischen die Wildkräuter waschen, trocken schütteln, klein zupfen bzw. schneiden oder hacken. Tomaten halbieren und aushöhlen.

3. Den Hüttenkäse in eine Schüssel geben und mit den Kräutern, Amaranth, Haferflocken und Olivenöl mischen. Mit Salz und Pfeffer abschmecken.

4. Die Pellkartoffeln abgießen, pellen und zu den Tomaten servieren.

kohlenhydrathaltig, eiweißbetont
zum Beispiel vor oder nach intensivem Ausdauertraining oder kraftbetonten Trainingseinheiten

Nährwerte pro Portion
543 kcal – 29 g Kohlenhydrate – 33 g Eiweiß – 18 g Fett

»Ohne die Pellkartoffeln sind die gefüllten Tomaten eine schnell zubereitete, proteinreiche Zwischenmahlzeit.«

Badische Grünkernküchle mit Limetten-Kräuter-Dip

Für die Grünkernküchle 30 g Sonnenblumenkerne – 250 ml Gemüsebrühe – 1 Knoblauchzehe, fein gehackt – 125 g frisch gemahlener Grünkernschrot – 30 ml Rapsöl – 2 Schalotten, fein gehackt – 40 g Karotten, geraspelt – 40 g Knollensellerie, geraspelt – 1 Ei – ½ TL Kräuter der Provence
Für den Dip 250 ml Naturjoghurt – 1 TL Dill, 1 EL Schnittlauch, 1 EL Petersilie, fein gehackt – 2 EL Lein- oder Olivenöl – Salz – 1 Prise Zucker – Pfeffer aus der Mühle – fein geriebene Schale von 1 Bio-Limette

1. Sonnenblumenkerne in einer trockenen Pfanne rösten, beiseitestellen. Gemüsebrühe aufkochen, die Hälfte des Knoblauchs und den Grünkernschrot dazugeben, unterrühren und auf der abgeschalteten, noch warmen Herdplatte oder bei 80 °C im Ofen ca. 20 Minuten quellen lassen.

2. Währenddessen für den Dip Naturjoghurt mit Dill, Schnittlauch, Petersilie, Leinöl und dem restlichen Knoblauch verrühren, mit Salz, Zucker, Pfeffer und Limettenschale abschmecken.

3. 10 ml Rapsöl erhitzen, Schalotten, Karotten und Sellerie kurz anschwitzen. Das Gemüse zusammen mit dem Ei, den Sonnenblumenkernen und Kräutern der Provence unter den Grünkernschrot mengen. Mit Salz und Pfeffer abschmecken. Aus der Masse mit feuchten Händen kleine Küchlein formen. Restliches Rapsöl in einer Pfanne erhitzen, die Küchlein bei mittlerer Hitze von jeder Seite 4–5 Minuten braten. Küchlein zusammen mit dem Dip anrichten.

kohlenhydrathaltig, vitaminreich
zum Beispiel zur Kräftigung und Regeneration vor oder nach moderatem Ausdauertraining
hoher Gehalt an Kalium

Nährwerte pro Portion
629 kcal – 47 g Kohlenhydrate – 19 g Eiweiß – 39 g Fett

Basilikum-Nocken auf Tomatenwürfeln

250 ml Milch – 100 g Weizen- oder Dinkel-Vollkornmehl – 2 Eier – 20 Basilikumblätter – 30 ml Olivenöl – Salz – Pfeffer aus der Mühle – 400 g Tomaten – 1 kleine Zwiebel, gewürfelt – ½ Knoblauchzehe, gehackt – 2 TL Tomatenmark – 100 ml Gemüsebrühe – 20 g Parmesankäse am Stück

1. Die Milch aufkochen, Vollkornmehl einrühren. Topf von der Platte nehmen und die Masse 10 Minuten quellen lassen.

2. Währenddessen Eier, Basilikum und 10 ml Olivenöl in eine tiefe Schüssel geben, mit dem Pürierstab fein mixen. Mit dem gequollenen Weizen vermengen, mit Salz und Pfeffer abschmecken. Reichlich Wasser in einem breiten Topf erhitzen. Mit 2 Esslöffeln aus der Weizen-Eier-Masse Nocken formen und in das Wasser geben. Ca. 15 Minuten sieden lassen.

3. Inzwischen die Tomaten kreuzweise einschneiden, mit heißem Wasser überbrühen und die Haut abziehen. Die Tomaten halbieren, Kerne und Flüssigkeit entfernen, die Tomaten in kleine Würfel schneiden. Das restliche Olivenöl in einer Pfanne erhitzen, Zwiebel und Knoblauch ca. 2 Minuten glasig andünsten. Das Tomatenmark unterrühren, Gemüsebrühe angießen, Tomatenwürfel dazugeben, kurz erwärmen und mit Salz und Pfeffer abschmecken.

4. Die Basilikum-Nocken auf dem Tomatenragout anrichten, Parmesan direkt vor dem Servieren darüber reiben.

kohlenhydratreduziert, eiweißbetont, vitaminreich
zum Beispiel vor oder nach moderatem Ausdauertraining

Nährwerte pro Portion
535 kcal – 36 g Kohlenhydrate – 22 g Eiweiß – 29 g Fett

»Parmesan ist ein idealer Lieferant für Kalzium und Vitamin A. Verwenden Sie ihn allerdings in Maßen und nur frisch gerieben, denn er enthält oxidiertes Cholesterin.«

Gemüse-Omelett mit Weizenkeimlingen

100 g grüner Spargel – Salz – 1 Prise Zucker – 6 Eier – Pfeffer aus der Mühle – je 1 EL Schnittlauch und Petersilie, gehackt – 40 g Butter – 100 g frische Champignons, geputzt, in Scheiben geschnitten – 2 Frühlingszwiebeln, in Ringe geschnitten – 2 Tomaten, gewürfelt – ca. 50 g Weizenkeimlinge (siehe S. 140)

1. Grünen Spargel waschen, das untere Drittel schälen und die Enden abschneiden. In einem Topf mit wenig Wasser, Salz und Zucker abgedeckt 8–10 Minuten dünsten.

2. Währenddessen Eier in eine Schüssel schlagen, mit Salz und Pfeffer würzen und mit Gabel oder Schneebesen kräftig verquirlen. Schnittlauch und Petersilie unterrühren. 20 g Butter in einer Pfanne erhitzen, Pilze und Frühlingszwiebeln kurz dünsten, dann die Hälfte der Eier dazugießen. Die Eiermasse bei mittlerer Hitze in der Pfanne stocken lassen, dann die eine Hälfte über die andere Hälfte klappen. Auf einen Teller gleiten lassen, abdecken und warmhalten. Das zweite Omelett ebenso zubereiten.

3. Zum Servieren die Omelette mit den Tomatenwürfeln und dem Spargel füllen und mit den Weizenkeimlingen bestreuen.

kohlenhydratarm, eiweißbetont
zum Beispiel vor oder nach moderatem Ausdauertraining, auch als kohlenhydratreduzierte Mahlzeit bei Gewichtsabnahme geeignet
reich an Antioxidanzien und Kalium

Nährwerte pro Portion
510 kcal – 7 g Kohlenhydrate – 27 g Eiweiß – 34 g Fett

»Sowohl Weizenkeimlinge als auch Spargel sind besonders reich an Selen, das den Körper vor oxidativem Stress schützt.«

Kürbis-Zucchini-Puffer mit Fruchtkompott und Cashewnüssen

200 g Trockenfrucht-Mischung (Reformhaus), grob zerkleinert – 200 g festkochende Kartoffeln – 200 g Hokkaido-Kürbis – 100 g Zucchini – 50 g Weizenvollkornmehl – 3 Eier – Salz – etwas Muskatnuss, frisch gerieben – 30 ml Rapsöl – 1 TL Johannisbrotkernmehl – 50 g Cashewnüsse, gehackt

1. Am Vorabend bzw. mindestens 1 Stunde vor dem Kochen die Trockenfrüchte in 500 ml Wasser einweichen.

2. Kartoffeln schälen, fein reiben und abtropfen lassen. Den Kürbis waschen, halbieren, die Kerne entfernen, den Kürbis vierteln und mit der Reibe raspeln. Zucchini ebenfalls raspeln. Kartoffel-, Kürbis- und Zucchiniraspel mischen, Vollkornmehl und Eier dazugeben und mit den Händen vermengen. Mit Salz und Muskat würzen.

3. In einer beschichteten Pfanne etwas Öl erhitzen, die Puffer portionsweise von beiden Seiten goldbraun braten. Bis zum Servieren im Ofen bei 100 °C warmhalten.

4. Die Trockenfrüchte mit der Einweichflüssigkeit in einem Topf kurz erhitzen, mit Johannisbrotkernmehl binden. Die Cashewnüsse in einer trockenen Pfanne bei mittlerer Hitze leicht anrösten. Die Puffer zusammen mit dem Fruchtkompott und den gerösteten Nüssen anrichten.

kohlenhydratbetont, eiweißbetont
zum Beispiel nach längerem Ausdauertraining oder zur Auffüllung der Kohlenhydrat-Speicher vor einem Ausdauerwettkampf

Nährwerte pro Portion

811 kcal – 66 g Kohlenhydrate – 22 g Eiweiß – 34 g Fett

Dinkel-Vollkorn-Pfannkuchen mit Spinat

4 Eier, getrennt – 100 g Dinkelvollkornmehl (am besten frisch gemahlen) – 1 EL Weizenmehl Type 550 – 200 ml Wasser – 20 g ausgelassene braune Butter – Salz – 300 g frischer Spinat, geputzt, gewaschen – ca. 30 ml Erdnussöl zum Braten – 1 Zwiebel, klein gewürfelt – Pfeffer aus der Mühle – 50 g Raclettekäse

1. Eiweiß steif schlagen. Dinkelmehl und Weizenmehl in einer Schüssel mischen, Wasser zugeben und mit den Quirlen des Handrührgeräts zu einem glatten Teig rühren. Eigelbe und braune Butter zugeben, unterrühren und salzen, danach den Eischnee unterheben.

2. Spinatblätter fein hacken. 10 ml Erdnussöl im Topf erhitzen, Zwiebelwürfel kurz anschwitzen, Spinat zugeben und zusammenfallen lassen, mit Salz und Pfeffer würzen.

3. Ofen auf 100 °C (Umluft) vorheizen. Einen Teil des restlichen Erdnussöls in einer beschichteten Pfanne erhitzen, 1 Kelle Teig in die Pfanne geben, Pfanne schwenken, sodass der Teig sich gleichmäßig verteilt. 1–2 Minuten backen, dann wenden und die zweite Seite ebenfalls goldgelb backen. Mit dem restlichen Teig ebenso verfahren. Anschließend Spinat und Raclettekäse auf die Pfannkuchen verteilen, einrollen und vor dem Anrichten 5 Minuten im Ofen warm stellen.

kohlenhydratreduziert, eiweißbetont
zum Beispiel vor oder nach Ausdauertraining, auch bei kraftbetonten Trainingseinheiten
hoher Gehalt an Kalium, Kalzium, Magnesium, Eisen, Zink, Mangan

Nährwerte pro Portion
623 kcal – 38 g Kohlenhydrate – 30 g Eiweiß – 38 g Fett

»Spinat ist besonders reich an Magnesium, das auch als ›Salz der inneren Ruhe‹ bezeichnet wird.«

Gefüllter Kohlrabi auf Belugalinsen

2 Kohlrabi, je ca. 200 g, geputzt, geschält – Salz – 30 ml Olivenöl – 1 Schalotte oder kl. Zwiebel, klein gewürfelt – ½ Knoblauchzehe, gehackt – 100 g Belugalinsen – 2 Frühlingszwiebeln, geputzt, in Ringe geschnitten – 50 g Karotten, klein gewürfelt – 100 g Quinoa – 200 ml Gemüsebrühe – 1 TL Senf – 1 EL Aceto Balsamico – etwas Zitronenthymian und Petersilie, gehackt

1. Die Kohlrabi in Salzwasser in ca. 30 Minuten weich kochen.

2. In der Zwischenzeit 10 ml Olivenöl in einem Topf auf mittlere Hitze bringen, Zwiebel und Knoblauch kurz anschwitzen. 200 ml Wasser zugießen, die Linsen zugeben, kurz aufkochen und zugedeckt 20–30 Minuten köcheln lassen. Sie sollten nach dem Kochvorgang gerade noch mit Flüssigkeit bedeckt sein, bei Bedarf während des Kochens etwas Wasser nachgießen.

3. Währenddessen für das Quinoa-Risotto das restliche Olivenöl in einem Topf erhitzen. Frühlingszwiebeln und Karotten kurz anschwitzen, Quinoa dazugeben und die Gemüsebrühe angießen. Ca. 10 Minuten bei schwacher Hitze köcheln lassen.

4. Die Kohlrabi abgießen, einen Deckel abschneiden und die Knollen mit einem Suppenlöffel aushöhlen. Etwa ⅔ des Kohlrabifleisches zerkleinern (Rest anderweitig verwenden), mit dem gegarten Quinoa mischen und in die Kohlrabi füllen.

5. Die Linsen mit Senf, Essig und Salz abschmecken. Die Kohlrabi mit Zitronenthymian und Petersilie bestreuen und auf den Belugalinsen anrichten.

kohlenhydratbetont, eiweißbetont, fettarm
zum Beispiel vor oder nach längerem Ausdauertraining, Wettkampfvorbereitung zur Auffüllung der Kohlenhydratspeicher

Nährwerte pro Portion
502 kcal – 59 g Kohlenhydrate – 23 g Eiweiß – 18 g Fett

Auberginenröllchen auf Tomatenragout

Für die Röllchen: 50 ml Rapsöl – 1 kl. Zwiebel, fein gehackt – ½ Knoblauchzehe, fein gehackt – 100 g Hirse – 1 rote Paprika oder Spitzpaprika, geputzt, klein gewürfelt – 200 ml Wasser – 1 mittelgroße Aubergine, ca. 300 g – Salz
Für das Tomatenragout: 2 Fleischtomaten – 10 ml Olivenöl – 20 g Tomatenmark – Pfeffer aus der Mühle – ca. 20 Basilikumblätter, ⅔ davon in Streifen geschnitten

1. 10 ml Rapsöl in einer Pfanne erhitzen, Zwiebel und Knoblauch zugeben und bei mittlerer Hitze anschwitzen. Hirse und Paprika zufügen, das Wasser angießen und ca. 15 Minuten bei schwacher Hitze dünsten.

2. Inzwischen von der Aubergine den Stielansatz abschneiden, die Frucht längs in 3 mm dicke Scheiben schneiden, salzen, ca. 10 Minuten ziehen lassen. Für das Tomatenragout Tomaten kreuzweise einschneiden, heiß überbrühen und die Haut abziehen. Stielansatz entfernen, Tomaten halbieren und in kleine Würfel schneiden. Das Olivenöl in einer Pfanne leicht erhitzen, Tomatenwürfel und Tomatenmark hineingeben. Kurz köcheln lassen.

3. Währenddessen in einer Pfanne 20 ml Rapsöl auf mittlere Hitze bringen. Die Aubergine mit Küchenpapier trocken tupfen. Die Hälfte der Auberginenscheiben anbraten, nach 1–2 Minuten wenden, die andere Seite ebenfalls 1–2 Minuten braten. Aus der Pfanne nehmen, auf Küchenpapier legen. Die restlichen Auberginenscheiben auf dieselbe Weise im restlichen Öl zubereiten.

4. Hirserisotto mit Salz und Pfeffer abschmecken, auf die Auberginen streichen, die Scheiben der Länge nach zusammenrollen. Basilikumstreifen unter die Tomatensoße rühren, mit Salz und Pfeffer abschmecken. Die Hirseröllchen auf dem Tomatenragout anrichten, die Basilikumblätter darüberstreuen.

kohlenhydratreduziert, vitaminreich
zum Beispiel als vitaminreiche Mahlzeit vor oder nach moderatem Ausdauertraining oder bei Gewichtsabnahme

Nährwerte pro Portion
569 kcal – 41 g Kohlenhydrate – 10 g Eiweiß – 38 g Fett

Kartoffelgnocchi mit Kräuterseitlingen

200 g mehligkochende Kartoffeln – Salz – 2 Eigelbe – 1 EL zerlassene Butter – 80 g Vollkornmehl – Muskatnuss, frisch gerieben – Pfeffer aus der Mühle – 20 g Butter – 400 g Kräuterseitlinge, geputzt, in ca. 4 mm dicke Scheiben geschnitten – 100 ml Gemüsebrühe – ½ TL Johannisbrotkernmehl – 1 EL Petersilie, gehackt

1. Kartoffeln schälen, halbieren oder in Stücke schneiden. In einem Topf mit reichlich Salzwasser in ca. 25 Minuten weich kochen. Abgießen, die Kartoffeln ausdampfen lassen, dann durch die Presse drücken, mit Eigelb und Butter verkneten und die Masse erkalten lassen.

2. Mehl mit der Kartoffelmasse vermengen, mit Muskat, Salz und Pfeffer abschmecken. Aus der Kartoffelmasse auf einer bemehlten Arbeitsfläche ca. 1,5 cm dicke Stränge formen. Die Rollen in ca. 2 cm lange Stücke schneiden und diese mit den Zinken einer Gabel leicht flach drücken.

3. In einem großen Topf reichlich Wasser zum Kochen bringen, leicht salzen. Die Gnocchi in das Wasser geben, einmal aufkochen, dann bei reduzierter Temperatur kurz ziehen lassen, bis sie an die Oberfläche steigen. Mit einem Schaumlöffel herausheben, kurz abtropfen lassen.

4. In der Zwischenzeit die Butter in einer Pfanne erhitzen, die Pilze 3–4 Minuten bei guter Hitze unter Rühren braten. Die Gemüsebrühe angießen, kurz aufkochen, das Johannisbrotkernmehl einrühren, Pilze vom Herd nehmen und mit Salz und wenig Pfeffer abschmecken. Die Pilze mit Petersilie bestreuen und zu den Gnocchi servieren.

kohlenhydrathaltig, vitaminreich
zum Beispiel nach moderatem Ausdauertraining
hoher Gehalt an Kalium

Nährwerte pro Portion
456 kcal – 50 g Kohlenhydrate – 16 g Eiweiß – 29 g Fett

»Sind frische Steinpilze verfügbar, können diese anstelle der Kräuterseitlinge verwendet werden.«

Dinkel-Tofu-Nocken auf Lauchgemüse

250 ml Milch – 40 g Butter – 100 g frisch gemahlener Dinkelschrot – 2 Eier – 80 g Räuchertofu, klein gewürfelt – 1 EL frische Kräuter (Petersilie, Schnittlauch), gehackt – Salz – 20 g geriebener Käse, z. B. Gouda – 1 Stange Lauch (200 g), geputzt, quer in 3–4 mm dicke Scheiben geschnitten – 1 TL Vollkornmehl – 100 ml Gemüsebrühe – etwas Muskatnuss, frisch gerieben

1. Milch und 20 g Butter aufkochen, Dinkelschrot einrühren, vom Herd nehmen und ca. 15 Minuten zugedeckt quellen lassen. Eier, Tofu und gehackte Kräuter untermengen. Mit Salz abschmecken.

2. In einem flachen Topf 2 Liter Wasser zum Sieden bringen, leicht salzen. Aus der Dinkel-Ei-Masse mit zwei Esslöffeln kleine Nocken formen und in das siedende Wasser geben.

3. Den Backofen auf 180 °C (Oberhitze) vorheizen. Nach ca. 10 Minuten die Nocken mit einem Schaumlöffel aus dem Wasser heben, auf eine Platte geben, mit dem Käse bestreuen und im ausgeschalteten Backofen warm stellen.

4. In einem Topf etwas Wasser zum Kochen bringen. Den Lauch ca. 2 Minuten blanchieren, dann in kaltem Wasser abschrecken. Die restliche Butter in einem Topf erhitzen, den Lauch zugeben, kurz andünsten. Mit Vollkornmehl bestäuben und die Gemüsebrühe unterrühren. Mit Muskat und Salz abschmecken. Die Dinkel-Tofu-Nocken auf dem Lauchgemüse anrichten.

kohlenhydratbetont, eiweißbetont
zum Beispiel vor oder nach moderaten Trainingseinheiten verschiedener Sportarten

Nährwerte pro Portion

604 kcal – 55 g Kohlenhydrate – 27 g Eiweiß – 33 g Fett

Kürbis-Quiche mit Feldsalat

Für den Teig 200 g Dinkelmehl, Type 1150 – 1 Msp. Backpulver – Salz – 60 g kalte Butter oder Margarine – 170 g Quark – 2 EL Wasser
Für die Füllung 600 g Hokkaido-Kürbis – 3 Eier – 100 ml Milch – 10 ml Olivenöl – 1 Schalotte, fein gehackt – ½ Knoblauchzehe, fein gehackt – 50 g Parmesan am Stück
Für den Salat 200 g Feldsalat – 3 EL Walnussöl – 1 EL Apfelessig – 1 TL Honig – Kräutersalz – 30 g Weizenkeimlinge (siehe Seite 140)

1. Für den Teig Mehl sieben, mit Backpulver und 1 Prise Salz gut mischen, Butter in Flocken, Quark und Wasser zugeben und mit den Händen oder der Küchenmaschine verkneten. Den Teig zu einer Kugel formen, in Frischhaltefolie einschlagen und ½ Stunde kühl stellen.

2. Eine Springform (Ø 24 cm) einfetten und leicht bemehlen. Den Teig auf der bemehlten Arbeitsfläche mit dem Nudelholz etwas größer als die Form dünn ausrollen. Vorsichtig in die Form legen und einen Rand hochziehen. Den Ofen auf 200 °C Ober-/Unterhitze vorheizen.

3. Für die Füllung den Kürbis halbieren, Kerne entfernen, den Kürbis vierteln und raspeln. In einer Schüssel Eier und Milch mit dem Schneebesen gut verrühren. Olivenöl in einer Pfanne erhitzen, Schalotte und Knoblauch kurz anschwitzen und zu den Kürbisraspeln geben.

4. Kürbis auf dem Teig verteilen, die Eier-Milch-Mischung darübergießen. Den Parmesan reiben und die Quiche damit bestreuen. Im Ofen ca. 20 Minuten goldgelb backen.

5. Den Feldsalat putzen, waschen und trocken schleudern. Für das Salatdressing mit dem Pürierstab Walnussöl, Apfelessig, Honig und 1 Prise Kräutersalz zu einer homogenen Masse vermengen. Das Dressing und die Weizenkeimlinge über den Feldsalat geben und den Salat zur Quiche servieren.

kohlenhydrathaltig, eiweißbetont,
sehr vitaminreich
zum Beispiel zur Förderung der Regeneration und als begleitende Mahlzeiten bei moderaten Trainingseinheiten

Nährwerte pro Portion
629 kcal – 52 g Kohlenhydrate – 25 g Eiweiß – 41 g Fett

»1 Quiche ergibt 4 Portionen. Wenn Sie zusätzlich noch 50 g gehackte Walnusskerne und 1 in feine Spalten geschnittenen Apfel zum Salat geben, eignet sich der Salat auch als Zwischenmahlzeit.«

Zucchini-Cordons-Bleus mit Tomatensalat

Für den Tomatensalat 1 TL heller Aceto Balsamico – Salz – 10 ml Olivenöl – 2–3 mittelgroße Tomaten, in Spalten geschnitten – 1 TL Basilikum, kleine Blätter oder Streifen – Pfeffer aus der Mühle
Für die Zucchini-Cordons-Bleus 2 mittelgroße Zucchini – Salz – 2 Msp. getr. Thymian – 60 g Räuchertofu, in dünne Scheiben geschnitten – 50 g würziger Käse, z. B. Emmentaler, in dünne Scheiben geschnitten – 2 Eier – 20 g Vollkornmehl – 80 g Sesam – 20 ml Rapsöl

1. Für den Tomatensalat Essig mit Salz verrühren. Langsam das Olivenöl einträufeln lassen und mit dem Schneebesen oder Stabmixer zu einer homogenen Masse vermischen. Das Dressing mit den Tomaten und dem Basilikum mischen und den Salat mit Salz und Pfeffer abschmecken.

2. Für die Cordons Bleus Zucchini waschen, die Enden abschneiden und die Zucchini mit dem Messer oder der Aufschnittmaschine längs in 3 Millimeter dicke Scheiben (ca. 6 Scheiben pro Zucchini) schneiden. Zucchinischeiben leicht salzen, mit Thymian bestreuen. Die Hälfte der Zucchinischeiben mit Räuchertofu und Käse belegen, die restlichen Zucchinischeiben obenauf legen.

3. Die Eier verquirlen. Vollkornmehl, Eier und Sesam jeweils in eine flache Schüssel geben. Das Rapsöl in einer Pfanne auf mittlere Hitze bringen. Die Zucchini-Cordon-Bleus zunächst im Mehl, dann im Ei, zuletzt im Sesam wenden, in der Pfanne von beiden Seiten (vorsichtig wenden) je 1–2 Minuten goldbraun braten. Den Tomatensalat zu den Zucchini-Cordons-Bleus reichen.

kohlenhydratarm, eiweißreich, vitaminreich
zum Beispiel als vitaminreiche Mahlzeit in der Regenerationsphase oder auch bei der Gewichtsabnahme

Nährwerte pro Portion
662 kcal – 17 g Kohlenhydrate – 35 g Eiweiß – 51 g Fett

»Sesam liefert reichlich gesunde ungesättigte Fettsäuren, essenziellen Aminosäuren und Antioxidantien.«

Blumenkohl-Curry mit Vollkorn-Basmatireis

100 g Vollkorn-Basmatireis – 400 g Blumenkohl – 300 ml raffiniertes Erdnussöl – 2–3 TL gelbe Currypaste – 1 kleines Stück Ingwer (ca. 2 cm), geschält, in feine Scheiben geschnitten – 1 TL Currypulver – 200 ml Kokosmilch – Salz – Chiliflocken – 1 Ei – 30 g Reismehl – 50 g gehobelte Mandeln – nach Belieben frischer Koriander – 2 Bananen, halbiert und längs geviertelt – 30 g Krupuk (Asialaden) – 50 g Mangochutney

1. Basmatireis waschen, in 200 ml Salzwasser bei geringer Hitze ca. 35 Minuten garen.

2. Blumenkohl in kleine Röschen teilen. In einer großen Pfanne oder im Wok 2 EL Erdnussöl erhitzen, Currypaste und Ingwer kurz anrösten, Blumenkohl zugeben und 2–3 Minuten unter Rühren braten. Mit dem Currypulver bestäuben, Kokosmilch zugeben und ca. 7 Minuten köcheln lassen, bis der Blumenkohl weich, aber noch leicht bissfest ist. Mit Salz und Chiliflocken abschmecken.

3. Inzwischen das restliche Erdnussöl in einem hohen Topf auf ca. 180 °C erhitzen. Ei, Mehl und Mandelblättchen in 3 flache Schüsseln geben, das Ei verquirlen. Die Bananenviertel zunächst im Mehl, dann im Ei, zuletzt in den Mandeln wenden. Mit einem Schaumlöffel aus Draht in das heiße Erdnussöl geben und in 1–2 Minuten goldbraun backen, herausheben und auf Küchenpapier abtropfen lassen.

4. Den Reis abgießen. Das Blumenkohlcurry nach Belieben mit frischem Koriander bestreuen und um den Reis herum anrichten, Bananen, Krupuk und Mangochutney dazu servieren.

kohlenhydratreiche »Kalorienbombe« zum Beispiel zur Vorbereitung auf einen Wettkampf oder zur Förderung der Regeneration nach einem Wettkampf mit Auffüllung der Kohlenhydratspeicher, vor oder nach sehr intensiven Trainingseinheiten

Nährwerte pro Portion

900 kcal – 85 g Kohlenhydrate – 24 g Eiweiß – 51 g Fett

»Wenn Ihr Trainingsplan eine reduzierte Kalorienzufuhr verlangt, verzichten Sie auf die Bananen, Krupuk und das Chutney – das spart rund 1/3 der Kalorien ein.«

Tagliatelle mit Gorgonzolasoße und Endiviensalat

ca. 180 g Vollkorn-Nudelteig (siehe Seite 105) oder 150 g Vollkorn-Tagliatelle – 300 g Endiviensalat – 1 EL Kräuteressig – 1 TL Senf – Salz – Pfeffer aus der Mühle – 1 Prise Zucker – 40 ml Leinöl – je 40 g Karotten, Zucchini, Kohlrabi, geputzt, in 5-mm-Würfel geschnitten – 40 g Lauchzwiebeln, in dünne Ringe geschnitten – 150 ml Gemüsebrühe – 120 g Gorgonzola – je 1 TL Petersilie und Schnittlauch, gehackt – 1 rotschalige Birne (z. B. Rote Williams Christ), entkernt, in dünne Spalten geschnitten

1. Für selbstgemachte Tagliatelle den Nudelteig zunächst einige Male auf der kleinsten Stufe durch die Nudelmaschine ziehen, dabei immer wieder vom Rand zur Mitte falten und mit der offenen Seite zuerst durch die Walzen laufen lassen. Bei Bedarf zwischenzeitlich mit etwas Mehl bestäuben. Dann sukzessive die Walzenbreite verringern, bis der Nudelteig 1–2 mm dünn ist. Zum Schluss die Kurbel am Schnittaufsatz für Bandnudeln ansetzen und den Teig ein letztes Mal durch die Walzen ziehen. Tagliatelle auf einem bemehlten Tuch oder einem Pastatrockner ca. 15 Minuten antrocknen lassen. Alternativ den Teig mit dem Nudelholz 1–2 mm dünn ausrollen und in 1 cm breite Streifen schneiden.

2. Während die Nudeln trocknen, die Blätter des Endiviensalats waschen, in der Salatschleuder trocknen, dann in feine Streifen schneiden. Essig, Senf, Salz, Pfeffer, Zucker verrühren. Langsam das Leinöl einträufeln lassen und mit dem Schneebesen oder Stabmixer zu einer homogenen Masse vermischen.

3. In einem großen Topf reichlich Wasser erhitzen, leicht salzen und die angetrockneten Tagliatelle in ca. 4 Minuten bissfest kochen. Währenddessen das Gemüse in der Gemüsebrühe leicht dünsten, Gorgonzola und Kräuter zugeben.

4. Die Tagliatelle mit der Gemüse-Gorgonzola-Soße mischen. Die Birnenspalten zum Salat geben, das Dressing darübergießen und den Salat zu den Nudeln servieren.

kohlenhydratreiche und eiweißbetonte »Kalorienbombe«
zum Beispiel zur Vorbereitung auf einen Wettkampf oder zur Förderung der Regeneration nach einem Wettkampf mit Auffüllung der Kohlenhydratspeicher, vor oder nach sehr intensiven Trainingseinheiten

Nährwerte pro Portion
735 kcal – 60 g Kohlenhydrate – 25 g Eiweiß – 41 g Fett

Galettes mit Himbeerquark

50 g Himbeeren (TK) – 50 g Butter – 300 ml Milch – 15 g frische Hefe – 125 g Weizenmehl Type 550 – 100 g Buchweizenmehl – 1 Prise Salz – 200 g Quark (20 %) – 1 EL Honig – 1 Eiweiß – 20 ml Sonnenblumenöl

1. Die Himbeeren antauen lassen. Butter in einem kleinen Topf schmelzen und hellbraun werden lassen, dann zum Abkühlen beiseitestellen. 250 ml Milch auf Handwärme erhitzen. Hefe in der Milch auflösen. Mehl, Buchweizenmehl und Salz vermischen, Hefemilch und abgekühlte Butter unterrühren. Der Teig soll zähflüssig vom Löffel tropfen, bei Bedarf noch etwas mehr Milch zugeben. Den Teig bei Zimmertemperatur ca. 1 Stunde gehen lassen.

2. Quark mit der restlichen Milch und dem Honig anrühren, Himbeeren unter die Quarkcreme mischen oder auf den Quark geben.

3. Eiweiß zu Schnee schlagen und unter den Teig ziehen. Sonnenblumenöl in einer beschichteten Pfanne erhitzen und kleine Pfannenkuchen (etwa Untertellergröße) portionsweise ausbacken. Die Galettes zusammen mit dem Quark servieren.

kalorienreich, kohlenhydratreich, eiweißbetont
zum Beispiel zur Auffüllung der Kohlenhydratspeicher als Vorbereitung auf einen Ausdauer-Wettkampf oder zur Regeneration der Kohlenhydratspeicher nach einem Wettkampf oder nach längeren Ausdauer-Trainingseinheiten

Nährwerte pro Portion
718 kcal – 91 g Kohlenhydrate – 33 g Eiweiß – 30 g Fett

»Dank Buchweizen und Milch ist dieses Gericht ein idealer Lieferant für hochwertige Proteine.«

Ziegenkäse mit Feldsalat und Walnüssen

1 Zweig Rosmarin – 200 g Ziegenkäse (4 Medaillons à 50 g) – 4 TL Honig – 200 g Feldsalat – 30 g Walnüsse – 4 dünne Scheiben Speck – 2 EL Aceto Balsamico – Salz – Pfeffer aus der Mühle – 1 Prise Zucker – 50 ml Walnussöl

1. Backofen auf 220 °C vorheizen. Rosmarin waschen, die Nadeln abzupfen und fein hacken. Ziegenkäse in eine feuerfeste Form setzen, mit dem Honig beträufeln, mit dem Rosmarin bestreuen. In den Ofen geben, Grillfunktion zuschalten und ca. 8 Minuten grillen.

2. Währenddessen den Feldsalat putzen, waschen und trocken schleudern. Walnüsse in einer trockenen Pfanne leicht anrösten, beiseitestellen. Den Speck ebenfalls in der trockenen Pfanne knusprig braten.

3. Essig und Gewürze vermischen, langsam das Walnussöl einträufeln lassen und mit dem Schneebesen oder Stabmixer zu einer homogenen Masse vermischen. Den Salat mit dem Dressing beträufeln, die Nüsse darüberstreuen, mit den kross gebratenen Speckscheiben und dem Ziegenkäse anrichten.

kalorienreich, kohlenhydratarm, eiweißbetont
etwas zum »Schlemmen« – auch unabhängig von der Art des Trainings

Nährwerte pro Portion
702 kcal – 12 g Kohlenhydrate – 29 g Eiweiß – 61 g Fett

»Walnüsse sind besonders reich an einfach und mehrfach ungesättigten Fettsäuren. Sportler freuen sich zudem über ihren hohen Kalium- und Vitamin-E-Gehalt.«

Fruchtiger Sommersalat mit Avocado

1 TL süßer Senf – 2 EL Himbeeressig – Salz – 1 Prise Zucker – Pfeffer aus der Mühle – 50 ml Weizenkeimöl – 400 g gemischte Blattsalate z. B. Kopfsalat, Friséesalat, Radicchio, Lollo rosso Eichblattsalat, Rucola – 100 g Pfirsiche, in Spalten geschnitten – 50 g frische Himbeeren oder gemischte Waldbeeren – 1 Avocado, geschält, halbiert, in feine Spalten geschnitten – 100 g Mungobohnenkeimlinge – 1 Schälchen Kresse

1. Süßen Senf und Himbeeressig zusammen mit Salz, Zucker und Pfeffer verrühren, dann langsam das Keimöl einträufeln lassen und mit dem Schneebesen oder Stabmixer zu einer homogenen Masse vermischen.

2. Blattsalate waschen und trocken schleudern. Den Salat mit dem Dressing gut vermischen. Mit den Pfirsichspalten, Himbeeren, Avocado und den Mungobohnen garnieren und die Kresse darüber streuen.

reich an gesunden Fetten, als »Vitaminbombe« – auch unabhängig von der Art des Trainings

Nährwerte pro Portion
576 kcal – 30 g Kohlenhydrate – 16 g Eiweiß – 43 g Fett

»Wenn Sie frische Weizenkeimlinge gezogen haben, können Sie gerne ein paar zum Salat geben.«

Wirsing-Rouladen mit Maronenfüllung

4 große Wirsingblätter (ca. 200 g) – Salz – 20 ml Olivenöl – 1 kl. Zwiebel, gewürfelt – 100 g Karotten, gewürfelt – 50 g Lauch, gewürfelt – 100 g Knollensellerie, gewürfelt – 500 g geschälte, vorgegarte Maronen, klein gewürfelt – 2 Eier – 400 ml Gemüsebrühe – 1 TL Johannisbrotkernmehl

1. Die harte Mittelrippe der Wirsingblätter herausschneiden. Die Blätter 6–8 Minuten in leicht gesalzenem Wasser kochen, abgießen und kalt abschrecken.

2. 10 ml Olivenöl in einem Topf erhitzen, Zwiebel darin glasig anschwitzen, Karotten, Lauch und Sellerie zugeben, einige Minuten unter Rühren anschwitzen, dann beiseitestellen.

3. Maroniwürfel mit den Eiern im Mixer oder mit dem Pürierstab zu einer streichfähigen Masse verarbeiten, die Hälfte der Gemüsewürfel untermengen. Die Maronen-Gemüse-Masse auf die Wirsingblätter streichen, die Seiten über der Füllung zur Mitte einklappen und die Wirsingblätter längs aufrollen, evtl. mit Küchengarn fixieren.

4. Den Ofen auf 125 °C vorheizen. In einer ca. 8 cm hohen Kasserolle oder in einem ofenfesten flachen Topf das restliche Olivenöl erhitzen, die Wirsingrouladen kurz von allen Seiten anbraten, dann Gemüsebrühe angießen. Abgedeckt ca. 15 Minuten im Ofen garen, herausnehmen, die Brühe mit Johannisbrotkernmehl binden und die restlichen Gemüsewürfel unterrühren, kurz erwärmen. Rouladen mit der Gemüsesoße anrichten.

kalorienreich, kohlenhydratreich, vitaminreich zum Beispiel zur Vorbereitung auf einen Ausdauerwettkampf oder auch zur Auffüllung der Kohlenhydratspeicher nach längeren Ausdauerbelastungen

Nährwerte pro Portion

722 kcal – 109 g Kohlenhydrate – 20 g Eiweiß – 21 g Fett

Vollkorn-Nudelteig

140 g Dinkel-Vollkornmehl – 60 g Weizenmehl Type 550 – 2 Eier, je ca. 60 g (Größe M) – 10 ml Olivenöl – ½ TL Salz

1. Mehle mischen, auf die Arbeitsfläche sieben. Eier verquirlen. Eine Mulde in das Mehl drücken, Eier, Öl und Salz hineingeben und alles mit den Händen zu einem geschmeidigen Teig verkneten. Den Teig in Frischhaltefolie wickeln und 20–30 Minuten im Kühlschrank ruhen lassen.

2. Den Teig mit dem Nudelholz dünn ausrollen und für die weitere Verwendung mit der Nudelmaschine oder mit Nudelholz und Messer bzw. Teigrädchen in die entsprechende Form bringen.

Vollkorn-Ravioli mit Lachs und Blattspinat

150 g Vollkorn-Nudelteig (Rezept siehe oben) – 2 EL Sonnenblumenöl oder Butter – 2 Schalotten, gehackt – 200 g Spinat, geputzt, gewaschen – Salz – Pfeffer aus der Mühle – 50 g Ricotta oder Frischkäse – 100 g Räucherlachs, klein geschnitten – 20 g Butter – rosa Pfeffer – etwas Dill

1. Den Nudelteig dünn ausrollen (2–3 mm, Nudelmaschine Stufe 5–6) und mit einem Ravioliausstecher oder einem Glas (Ø 5 cm) ca. 10 Kreise ausstechen.

2. Öl in einer großen Pfanne erhitzen, die Schalotten anschwitzen. Spinatblätter dazugeben, mit Salz und Pfeffer abschmecken, vom Herd nehmen und abgedeckt kurz zusammenfallen lassen. In einem Sieb überschüssige Flüssigkeit ausdrücken.

3. Blattspinat klein schneiden, mit dem Ricotta und dem Lachs mischen und auf die Teigkreise verteilen, ca. 1 TL Füllung pro Ravioli. Die Teigränder mit Wasser oder etwas Ei bestreichen, zusammenklappen, die Ränder festdrücken. Wenige Minuten in leicht kochendem Wasser garen, bis die Ravioli oben schwimmen. Mit dem Schaumlöffel herausnehmen.

4. Die Butter in einer Pfanne erhitzen und leicht bräunen lassen. Die Butter über die Ravioli träufeln, mit Pfeffer und Dill bestreuen.

kohlenhydratbetont, eiweißreich
zum Beispiel nach intensivem Ausdauertraining oder nach kraftbetonten Trainingseinheiten

Nährwerte pro Portion

572 kcal – 47 g Kohlenhydrate – 33 g Eiweiß – 41 g Fett

Herbstlicher Grünkohlsalat mit Garnelen

300 g Grünkohl (geputzt, gewaschen, nur zarte Blätter ohne Stiele), alternativ Wirsing – 60 ml Olivenöl – 4 EL milder Weinessig – 1 EL Honig – Salz – Pfeffer aus der Mühle – 4 dünne Scheiben Vollkornbrot – 6 Garnelen (Gambas), roh, mit Schale, ohne Kopf, entdarmt – ½ Knoblauchzehe in Scheiben – 8 Radieschen, in Scheiben geschnitten – 100 g Weintrauben, halbiert

1. Am Vorabend Grünkohlblätter blanchieren, kalt abschrecken und mit 30 ml Olivenöl, Essig, Honig, Salz und Pfeffer marinieren. Mit Frischhaltefolie abgedeckt über Nacht stehen lassen.

2. Vollkornbrote in Dreiecke schneiden. 20 ml Olivenöl in einer Pfanne erhitzen, Vollkornbrotstücke kross rösten, beiseitestellen. Restliches Olivenöl in der Pfanne erhitzen, Garnelen von beiden Seiten 3–4 Minuten bei mittlerer Hitze braten. Kurz vor Ende der Garzeit den Knoblauch zugeben und mitbraten.

3. Den Grünkohl mit Salz und Pfeffer abschmecken, anrichten. Radieschen, Weintrauben und die Garnelen darauf verteilen und das lauwarme, geröstete Brot dazu servieren.

kohlenhydratreduziert, sehr vitaminreich
gut nach lockeren Trainingseinheiten
hoher Gehalt an Vitamin C, Zink, Mangan und Selen

Nährwerte pro Portion
655 kcal – 39 g Kohlenhydrate – 48 g Eiweiß – 33 g Fett

»Mit seinem hohen Gehalt an Vitamin A, C und K sowie an Kalium und Magnesium ist Grünkohl ein echtes ›Superfood‹. Zudem strotzen die grünen Blätter nur so vor Antioxidanzien.«

Schollenfilet mit Grünkern und Pak Choi

1 Scheibe Ingwer – 1 Lorbeerblatt – 2 Gewürznelken – 30 ml Rapsöl – 1 kleine Zwiebel, gewürfelt – 150 g Grünkern (volles Korn) – 200 g Pak Choi – 20 g Butter – 100 ml Gemüsebrühe – 400 g Schollenfilets – Saft von ½ Zitrone – Salz – 10 g Mehl – etwas frischer Dill

1. Ingwer, Lorbeerblatt und Nelken in einen kleinen Gewürz- oder Teebeutel füllen. 20 ml Rapsöl in einem Topf erhitzen, Zwiebelwürfel glasig schwitzen, Grünkern dazugeben, kurz mitanschwitzen lassen. 0,5 l Wasser angießen, den Gewürzbeutel mit in den Topf geben und Grünkern bei kleiner Hitze ca. 40 Minuten weich garen.

2. Währenddessen den Pak Choi zubereiten. Den Strunkansatz abschneiden, grüne Blätter und Stiele voneinander trennen, beides gründlich waschen. Die Stiele quer in 5 mm breite Streifen schneiden. Butter in einer Pfanne erhitzen, die in Streifen geschnittenen Stiele darin anschwitzen. Mit Gemüsebrühe auffüllen und die Stiele ca. 10 Minuten weichschmoren.

3. Inzwischen in einem Topf reichlich Wasser zum Kochen bringen, die Pak-Choi-Blätter darin ca. 2 Minuten blanchieren, herausnehmen und in kaltem Wasser abschrecken. Die Blätter abtropfen lassen, in breite Streifen schneiden und zu den Stielen in die Pfanne geben. Vom Herd nehmen, abdecken und warm stellen.

4. Die Schollenfilets mit Zitronensaft beträufeln, salzen, in Mehl wenden. Das restliche Öl in einer Pfanne auf mittlere Hitze bringen und die Filets ca. 1 Minute auf jeder Seite braten. Vor dem Servieren mit etwas Dill bestreuen. Pak Choi und Schollenfilets zum Grünkern anrichten.

kohlenhydrathaltig, eiweißreich, vitaminreich
zum Beispiel nach intensiven Ausdauerbelastungen oder kraftbetonten Trainingseinheiten
hoher Gehalt an Phosphor und Kalium

Nährwerte pro Portion
660 kcal – 50 g Kohlenhydrate – 45 g Eiweiß – 25 g Fett

»Bei Grünkern handelt es sich um unreif geernteten Dinkel, der geröstet und getrocknet wird. Sein hoher Vitamin-B-Gehalt macht ihn zu einer besonders wertvollen Komponente einer ausgewogenen Ernährung.«

Gebratenes Zanderfilet auf Linsengemüse

2 Zanderfilets mit Haut, je ca. 180 g – Saft von ½ Zitrone – Salz – 100 g Puy Linsen oder Berglinsen – 200 g festkochende Kartoffeln, in 1-cm-Würfel geschnitten – je 50 g Karotten, Knollensellerie, Lauch, klein gewürfelt – 1 kleine Zwiebel, klein gewürfelt – 1 TL Senf – 1 TL Tomatenmark – 1 TL Essig – Kräuter der Provence – 1 Prise Zucker – 20 ml Rapsöl

1. Zanderfilets in eine Schüssel geben, mit Zitronensaft und etwas Salz marinieren, mit Folie abgedeckt für ½ Stunde in den Kühlschrank stellen. Linsen mit kaltem Wasser zum Kochen bringen und je nach Sorte 20–30 Minuten kochen. 20 Minuten vor Ende der Garzeit Kartoffelwürfel zugeben und mitgaren.

2. Währenddessen Wurzelgemüse- und Zwiebelwürfel in einem geschlossenen Topf mit wenig Flüssigkeit weichdünsten, mit den gegarten Linsen vermengen und mit Senf, Tomatenmark, Essig, Kräutern der Provence, Salz und Zucker abschmecken.

3. Rapsöl in einer Pfanne erhitzen, die Zanderfilets auf der Hautseite bei mittlerer Hitze ca. 5 Minuten goldbraun braten, dabei anfangs leicht mit dem Pfannenwender nach unten drücken, damit der Fisch sich nicht nach oben wölbt. Die Filets wenden, die Pfanne von der Herdplatte nehmen und den Zander in der heißen Pfanne noch einige Minuten nachgaren lassen. Die Fischfilets auf dem Linsengemüse anrichten.

kohlenhydratarm, eiweißreich
zum Beispiel nach kraftbetonten Trainingseinheiten oder auch zur Gewichtsabnahme

Nährwerte pro Portion

467 kcal – 26 g Kohlenhydrate – 49 g Eiweiß – 12 g Fett

Lachsfilet auf Fenchelgemüse

100 g Vollkornreis – 20 g Butter – ½ kleine Zwiebel, fein gewürfelt – 350 ml Gemüsebrühe – Salz – 250 g Fenchel – 2 Stück Lachsfilet ohne Haut, je ca. 150 g – Saft von ½ Zitrone – 1 TL Rapsöl – 1 TL Reis- oder Vollkornmehl

1. Vollkornreis waschen. Butter in einem Topf erhitzen, Zwiebelwürfel und Reis darin kurz anschwitzen. Mit 250 ml Gemüsebrühe auffüllen, salzen und 35–40 Minuten köcheln lassen, bis der Reis bissfest ist.

2. Inzwischen den Fenchel säubern und von den äußeren Blättern die Fäden abziehen. Quer in Scheiben schneiden, in einem Topf mit der restlichen Gemüsebrühe 15–20 Minuten weichdünsten.

3. Während Reis und Gemüse garen, die Lachsfilets säubern, salzen, in eine flache Schüssel geben, den Zitronensaft darüber gießen und ca. 10 Minuten marinieren. Das Rapsöl in einer Pfanne erhitzen, den Fisch von beiden Seiten kurz anbraten und abgedeckt bei schwacher Hitze garen lassen.

4. Das Reismehl zum Fenchelgemüse geben, kurz aufkochen lassen. Fenchelgemüse und Lachsfilet zusammen mit dem Reis anrichten.

kohlenhydratreduziert, eiweißreich
zum Beispiel nach moderaten, auch kraftbetonten Trainingseinheiten

Nährwerte pro Portion
596 kcal – 46 g Kohlenhydrate – 36 g Eiweiß – 32 g Fett

»Schneller geht das Rezept mit vorgekochtem Dinkel (parboiled). Die Kochzeit verringert sich dann auf 20 Minuten. Dinkel hat einen hohen Eiweißgehalt und liefert u.a. Magnesium, Zink und Eisen.«

Makrelenfilet auf Grünkohl mit Kartoffelstampf

400 g mehligkochende Kartoffeln – 400 g Grünkohl – Salz – 40 g Butter – 200 ml Vollmilch – etwas Muskatnuss, frisch gerieben – 1 Zwiebel, gewürfelt – Pfeffer aus der Mühle – 20 ml Sonnenblumenöl – 2 Makrelenfilets, je ca. 200 g – rosa Pfeffer aus der Mühle – 1 EL Zitronensaft

1. Kartoffeln schälen, halbieren oder in Stücke schneiden. Den Grünkohl gründlich waschen. Die Blätter von den harten Stängeln befreien und klein schneiden.

2. Die Kartoffeln in einem Topf mit reichlich Salzwasser in ca. 20 Minuten weich kochen, abgießen und ausdampfen lassen. 20 g Butter in einem Topf schmelzen und leicht anbräunen lassen. Die Milch kurz erwärmen. Kartoffeln mit dem Kartoffelstampfer zerdrücken, mit Milch und Butter vermengen. Den Kartoffelstampf mit Muskat und Salz würzen, warm stellen.

3. Die restlichen Butter in einer Pfanne erhitzen, die Zwiebelwürfel unter Rühren kurz anschwitzen. Den Grünkohl dazugeben, bei mittlerer Hitze ca. 5 Min. garen, zwischendurch umrühren. Mit Salz und Pfeffer abschmecken.

4. Inzwischen Sonnenblumenöl in einer Pfanne erhitzen. Die Makrelenfilets mit Salz würzen, auf der Hautseite ca. 4 Minuten anbraten, wenden und die Filets bei ausgeschalteter Herdplatte in der noch heißen Pfanne fertig garen. Die Makrelenfilets mit rosa Pfeffer und Zitronensaft würzen und auf dem Grünkohl anrichten, den Kartoffelstampf dazu servieren.

kalorienreich, kohlenhydratreich, eiweißreich
zum Beispiel nach kraftbetonten Trainingseinheiten
hoher Gehalt an Antioxidanzien

Nährwerte pro Portion
885 kcal – 41 g Kohlenhydrate – 54 g Eiweiß – 41 g Fett

»Makrele liefert reichlich Eiweiß, Omega-3-Fettsäuren und Vitamin B_{12}, Grünkohl steuert Vitamin A, C und K sowie Kalium und Magnesium bei.«

Kabeljaufilet mit Mangold und Pellkartoffeln

400 g festkochende Kartoffeln, am besten Drillinge – Salz – 400 g Kabeljaufilet, in 4 Stücke geschnitten – Saft von ½ Zitrone – 100 ml trockener Weißwein – 500 g Mangold – 100 ml Gemüsebrühe – Pfeffer aus der Mühle – 1 TL Johannisbrotkernmehl – Muskatnuss, frisch gerieben

1. Die Kartoffeln gründlich säubern, in einen Topf geben und knapp mit Wasser bedecken. Das Wasser zum Kochen bringen, salzen. Die Kartoffeln in 20–25 Minuten garen.

2. Währenddessen den Ofen auf 100 °C vorheizen. Die Kabeljaustücke salzen, mit Zitronensaft beträufeln und in eine feuerfeste Form geben. Weißwein angießen, im Ofen in ca. 10 Minuten garen.

3. Inzwischen Mangoldblätter und -stiele auseinander schneiden, beides gründlich waschen. Stiele quer in 5 mm breite Streifen, die Blätter in Stücke schneiden. Gemüsebrühe erhitzen, die Stiele darin bissfest garen, Blätter kurz vor Ende der Garzeit zugeben. Mit Salz und Pfeffer abschmecken.

4. Die Gemüsebrühe mit dem Johannisbrotkernmehl sämig binden, mit Salz und Muskat abschmecken. Die Kartoffeln abgießen, kurz ausdampfen lassen, pellen. Kartoffeln, Mangold und Kabeljau anrichten, Fond aus der Form darüber träufeln.

kalorienarm, kohlenhydratarm, fettarm
zum Beispiel nach leichten Trainingseinheiten, auch zur Gewichtsabnahme
hoher Gehalt an Kalium und Phosphor

Nährwerte pro Portion
360 kcal – 30 g Kohlenhydrate – 45 g Eiweiß – 2 g Fett

Salat mit Sesamvinaigrette und Knusper-Forelle

3 EL Sesamsaat – 200 g junger Spinat – 100 g Löwenzahn – 100 g Bärlauch – 50 g Radicchio – 2 frische Forellenfilets, ca. 300 g – Saft von ½ Zitrone – Kräutersalz – 20 g Mehl – 500 ml Raps- oder raffiniertes Erdnussöl – 150 g Tempura-Mehl (Asialaden) – 200 ml Wasser – 20 ml roter Reisessig – 1 Prise Zucker – 1 Prise Chilipulver – 40 ml Sesam- oder Walnussöl – 8 Cocktailtomaten, halbiert

1. Sesam in einer trockenen Pfanne goldgelb rösten, dann abkühlen lassen. Spinat, Löwenzahn, Bärlauch und Radicchio waschen und trocken schleudern, in einer großen Salatschüssel mischen.

2. Forellenfilets enthäuten, 5 Minuten mit Zitronensaft und Kräutersalz marinieren, leicht bemehlen. Öl im Wok oder in einem hohen Topf auf 170 °C erhitzen. Tempuramehl und Wasser anrühren, die Forellenfilets in dem Tempurateig wenden, vorsichtig ins heiße Öl gleiten lassen und schwimmend in ca. 4 Minuten knusprig ausbacken. Auf Küchenpapier abtropfen lassen.

3. Reisessig und Gewürze verrühren. Langsam das Sesamöl einträufeln lassen und mit dem Schneebesen oder Stabmixer zu einer homogenen Masse vermischen. Zuletzt den gerösteten Sesam zugeben. Salat mit den Cocktailtomaten mischen, mit dem Sesam-Topping beträufeln, die gebackenen Forellenstücke dazu anrichten.

kohlenhydratarm, eiweißreich, vitaminreich
nach kraftbetonten Trainingseinheiten, auch gut geeignet zur Gewichtsabnahme.
hoher Kaliumgehalt

Nährwerte pro Portion
632 kcal – 9 g Kohlenhydrate – 40 g Eiweiß – 47 g Fett

Schwarzwurzelgratin mit Schinken und Pellkartoffeln

400 g festkochende Kartoffeln, am besten Drillinge – Salz – 50 ml Essig – 50 g Weizenmehl – 500 g Schwarzwurzeln – 1 Scheibe Zitrone – 250 ml Milch oder Sojamilch – 30 g Reismehl – Pfeffer aus der Mühle – Muskatnuss, frisch gerieben – 100 g gekochter Schinken, in Streifen geschnitten – 50 g Pecorino oder Emmentaler am Stück – 1 EL Petersilie, gehackt

1. Die Kartoffeln gründlich säubern, in einen Topf geben und knapp mit Wasser bedecken. Das Wasser zum Kochen bringen, salzen. Die Kartoffeln in 20–25 Minuten garen.

2. Währenddessen in einer großen Schüssel 2 l Wasser mit Essig und Weizenmehl anrühren. Die Schwarzwurzeln gründlich mit einer Gemüsebürste unter fließendem Wasser waschen, dann mit dem Sparschäler schälen (Einweghandschuhe tragen). Die Enden der Stangen abschneiden, Schwarzwurzeln in 5–6 cm lange Stücke schneiden. Direkt in das Essigwasser legen, damit sich die geschälten Stangen nicht braun verfärben.

3. In einem Topf ca. 1,5 l Wasser mit der Zitronenscheibe zum Kochen bringen, leicht salzen. Die Schwarzwurzelstücke in ca. 15 Minuten bissfest garen. Den Ofen auf 180 °C (Oberhitze) vorheizen.

4. Inzwischen die Milch erhitzen. 250 ml vom Kochwasser der Schwarzwurzeln abnehmen, zur Milch geben und das Reismehl einrühren. Mit Salz, Pfeffer und Muskat abschmecken. Die Schwarzwurzeln abgießen, die Stangen in eine Auflaufform geben, mit den Schinkenstreifen belegen und mit der gebundenen Soße übergießen. Den Käse darüber reiben und das Gratin ca. 10 Minuten goldgelb überbacken. Die Kartoffeln abgießen, pellen, mit der gehackten Petersilie bestreuen und zum Gratin servieren.

kohlenhydrathaltig, eiweißbetont
zum Beispiel vor oder nach intensivem Ausdauertraining oder kraftbetonten Trainingseinheiten
hoher Gehalt an Spurenelementen

Nährwerte pro Portion
549 kcal – 48 g Kohlenhydrate – 28 g Eiweiß – 25 g Fett

Gebratene Kalbsleber mit Apfel und Kartoffelpüree

400 g mehligkochende Kartoffeln – Salz – 150 ml Milch – 50 g Butter – Muskatnuss, frisch gerieben – 360 g Kalbsleber in Scheiben – ca. 20 g Mehl – 2 Äpfel, entkernt, in Scheiben geschnitten – Pfeffer aus der Mühle

1. Kartoffeln schälen, halbieren oder in Stücke schneiden. In einem Topf mit reichlich Salzwasser in ca. 20 Minuten weich kochen, abgießen und im Topf ausdampfen lassen. Die Milch erhitzen, die Butter zerlassen. Kartoffeln durch die Kartoffelpresse drücken, mit der heißen Mich und der zerlassenen Butter verrühren, mit Salz und Muskat abschmecken. Kartoffelpüree warm stellen.

2. Die Leberscheiben mit Mehl bestäuben. Eine Pfanne auf mittlere Hitze bringen, Leber- und Apfelscheiben von beiden Seiten je ca. 1 Minute anbraten. Leber vor dem Servieren mit Salz und Pfeffer würzen, Kartoffelpüree mit der Leber und den Apfelscheiben anrichten.

kohlenhydratbetont, eiweißreich
zum Beispiel als kräftigende Mahlzeit nach intensiven Ausdauer- oder Kraftbelastungen
sehr hoher Gehalt an Eisen, Magnesium, Vitamin A

Nährwerte pro Portion

692 kcal – 59 g Kohlenhydrate – 42 g Eiweiß – 31 g Fett

Maishähnchenbrust mit Brokkoli und Polenta

2 Maishähnchenbrüste à 200 g – Salz – Pfeffer aus der Mühle – 20 ml Rapsöl + 1 TL – 1 Rosmarinzweig – 1 Knoblauchzehe, gehackt – 250 ml Gemüsebrühe – 250 ml Milch – 10 ml Weizen- oder Maiskeimöl – 60 g Maisgrieß – 400 g Brokkoli, in gleich große Röschen zerteilt – 20 g Haselnusskerne, gehobelt

1. Den Ofen auf 125 °C (Umluft) vorheizen. Hähnchenbrüste mit Salz und Pfeffer einreiben. 20 ml Rapsöl in einer Pfanne erhitzen, Rosmarin und Knoblauch in die Pfanne geben und die Hähnchenbrüste auf der Hautseite gut anbraten. Wenn die Haut goldgelb ist, die Hähnchenbrüste wenden und kurz die andere Seite anbraten. Die Hähnchenbrüste im vorgeheizten Ofen auf einem Gitterrost mit Tropfschale 15–20 Minuten garen, bis der Flügelknochen nicht mehr blutig ist.

2. Inzwischen Gemüsebrühe und Milch zum Kochen bringen. Das Keimöl dazugeben, dann den Maisgrieß sorgfältig unterrühren. Herdplatte abschalten und mit einem Holzlöffel weiterrühren, bis sich die Masse von Topf und Löffel löst. Abgedeckt warm stellen.

3. Den Brokkoli in leicht gesalzenem Wasser bissfest blanchieren, abtropfen lassen und in kaltem Wasser abschrecken. Die gehobelten Haselnüsse in einer trockenen Pfanne leicht anrösten, aus der Pfanne nehmen. 1 TL Rapsöl in der Pfanne erhitzen, den Brokkoli darin kurz wenden. Brokkoli mit den gerösteten Haselnüssen bestreuen, zusammen mit der Polenta und den Hähnchenbrüsten anrichten.

kohlenhydratreduziert, eiweißreich, vitaminreich
zum Beispiel nach kraftbetonten Trainingseinheiten
hoher Vitamin-C-Gehalt, reich an Selen

Nährwerte pro Portion

764 kcal – 34 g Kohlenhydrate – 54 g Eiweiß – 44 g Fett

Saltimbocca mit Safranreis und gebratenem Chicorée

120 g Parboiled-Reis – 2 Schalotten, gehackt – 20 g Butter – 1 Msp. Safranpulver oder 5 Safranfäden – Salz – 4 dünne Kalbsschnitzel, je ca. 75 g – 20 g Vollkornmehl – 4 kleine Salbeiblätter – 4 Scheiben Parmaschinken – 30 ml Sonnenblumenöl – 150 g Chicorée – Pfeffer aus der Mühle

1. Reis waschen. Schalotten in Butter anschwitzen, Safran und Reis zugeben, mit der doppelten Menge Wasser oder Gemüsebrühe auffüllen und salzen, ca. 20 Minuten köcheln lassen.

2. Inzwischen die Kalbsschnitzel zwischen 2 Lagen Frischhaltefolie geben und flachklopfen. Die Schnitzel mit Mehl bestäuben. Je 1 Salbeiblatt und 1 Scheibe Schinken auf die Schnitzel legen und mit Zahnstochern befestigen. 20 ml Öl in einer beschichteten Pfanne auf mittlere Hitze bringen, die Schnitzel in der Pfanne von beiden Seiten 3–4 Minuten braten.

3. Währenddessen den Chicorée putzen, halbieren, leicht salzen und im restlichen Öl kurz anbraten, Pfanne vom Herd nehmen, ca. 30 Sekunden zugedeckt stehen lassen. Chicorée und Reis zu den Saltimbocca anrichten, mit Pfeffer bestreuen.

kohlenhydrathaltig, eiweißreich
zum Beispiel nach intensiven Ausdauerbelastungen
hoher Gehalt an Selen

Nährwerte pro Portion
626 kcal – 56 g Kohlenhydrate – 40 g Eiweiß – 27 g Fett

Gefüllte Putenschnitzel mit Rosenkohl und Reis

100 g Naturreis – Salz – 300 g Rosenkohl – 50 g Datteln, klein geschnitten – 50 g Walnüsse, gehackt – 10 g Mehl – 1 Ei – 2 Putenschnitzel, je ca. 180 g – etwas getr. Rosmarin – Pfeffer aus der Mühle – 20 ml Rapsöl – 10 g Butter

1. Naturreis waschen, in gut der doppelten Menge kochendem Salzwasser 40–50 Minuten offen köchelnd garen. Rosenkohl putzen, die äußeren Blätter entfernen, am Strunk kreuzförmig einschneiden. Den Rosenkohl in Salzwasser bei mittlerer Hitze in 10–15 Minuten bissfest kochen. In kaltem Wasser abschrecken.

2. Inzwischen Datteln und Walnüsse im Mixer oder mit dem Pürierstab zu einer streichfähigen Masse verarbeiten. Mehl und Ei jeweils in eine flache Schüssel geben, das Ei verquirlen. Die Putenschnitzel zwischen Klarsichtfolie dünn plattieren, mit Rosmarin, Salz und Pfeffer würzen. Die Schnitzel mit der Walnuss-Dattel-Masse bestreichen, quer zusammenklappen, mit einem Zahnstocher fixieren. Die Schnitzel zunächst in Mehl, dann in Ei wenden.

3. Rapsöl in einer beschichteten Pfanne erhitzen, die Schnitzel bei mittlerer Hitze pro Seite ca. 2 Minuten braten. Vom Herd nehmen und mit geschlossenem Deckel kurz warmstellen.

4. Währenddessen Butter in einem Topf erhitzen, den Rosenkohl kurz in der Butter schwenken, mit Rosmarin, Salz und Pfeffer würzen und zu den Schnitzeln anrichten.

kalorienreich, kohlenhydratreich, eiweißreich zum Beispiel als kräftigende Mahlzeit zur Vorbereitung auf Wettkämpfe oder zur Regeneration nach intensiven und längeren Trainingseinheiten

Nährwerte pro Portion

828 kcal – 65 g Kohlenhydrate – 56 g Eiweiß – 36 g Fett

Rindersteak mit gegrilltem Salatherz, Süßkartoffelpommes und Avocado-Dip

1 Avocado – 1 Becher Naturjoghurt – 1 EL Olivenöl – 1 Knoblauchzehe – 12 Basilikumblätter – 1 Süßkartoffel (ca. 300 g) – 3 EL Erdnussöl – Salz – 2 Rindersteaks à 200 g – 1 mittelgroßer Kopf Romanasalat – 20 rote Trauben, halbiert – 2 EL Granatapfelkerne – Pfeffer aus der Mühle

1. Avocado halbieren, den Stein entfernen. Mit einem Löffel das Fruchtfleisch aus der Schale lösen. Das Fruchtfleisch in Stücke schneiden, zusammen mit Joghurt, Olivenöl, Knoblauch und Basilikumblättern in eine hohe Schüssel geben und mit dem Pürierstab zerkleinern. Beiseitestellen.

2. Den Ofen auf 220 °C (Ober-/Unterhitze) vorheizen. Die Süßkartoffel schälen, halbieren und in ca. 6 mm dicke Stifte schneiden. Mit Küchenpapier gründlich trocken tupfen. Ein Backblech mit Backpapier auslegen, die Kartoffelsticks gleichmäßig darauf verteilen und mit 1 EL Erdnussöl dünn bepinseln. Mit etwas Salz bestreuen. Im Ofen ca. 20 Minuten backen, zwischendurch wenden.

3. 1 EL Erdnussöl in einer Pfanne erhitzen, die Steaks auf jeder Seite ca. 2 Minuten scharf anbraten, dann im Ofen bei 125 °C ca. 5 Minuten ruhen lassen. In der Zwischenzeit den Salatkopf längs halbieren, leicht salzen und mit dem restlichen Erdnussöl bepinseln. Eine Grillpfanne erhitzen, die Salathälften kurz von beiden Seiten anbraten.

4. Avocado-Dip, gegrillten Salat und rote Trauben anrichten, mit den Granatapfelkernen bestreuen. Die Süßkartoffelpommes in einem Glas mit auf den Teller stellen, die zart rosa gebratenen Rindersteaks mit etwas Salz und Pfeffer aus der Mühle bestreuen, dazu anrichten.

kalorienreich, kohlenhydratreduziert, eiweißreich
zum Beispiel als kräftigende Mahlzeit nach intensiven Ausdauer- oder Kraftbelastungen

Nährwerte pro Portion

895 kcal – 40 g Kohlenhydrate – 46 g Eiweiß – 54 g Fett

Dinkel-Baguette mit Putenbrust, Avocado und Pesto

Für das Baguette 15 g frische Hefe – 1 Prise Zucker – 150 ml lauwarmes Wasser – 200 g Dinkel-Vollkornmehl – 1 Prise Salz – 30 g Sonnenblumenkerne
Für das Pesto 20 g Sonnenblumenkerne – 20 g Basilikumblätter – 20 g Pecorino oder Parmesan am Stück – 40 ml Olivenöl
Für den Belag je 4 Blätter Friséesalat und Radicchio – 100 g geräucherte Putenbrust oder gegarte Hähnchenbrust, in dünne Scheiben geschnitten – 1 Avocado, halbiert, in Scheiben geschnitten – 1 Tomate, in Scheiben geschnitten – 8 Basilikumblätter

1. Für den Vorteig Hefe und Zucker im lauwarmen Wasser anrühren. Dinkelmehl sieben, eine Mulde hineindrücken und die aufgelöste Hefe in die Mulde gießen. Mit etwas Mehl vom Rand her verrühren und mit Mehl bestäuben. Den Vorteig abgedeckt bei Zimmertemperatur gehen lassen. Nach ca. 15 Minuten Salz dazugeben und den Teig kräftig kneten, bis er glänzt und elastisch ist. Abgedeckt ca. 30 Minuten ruhen lassen, bis der Teig sich annähernd verdoppelt hat. Anschließend die Sonnenblumenkerne unterarbeiten. Den Teig zu 4 Baguettestangen formen. Neuerlich abgedeckt ca. 15 Minuten ruhen lassen. Ofen auf 180 °C (Umluft) vorheizen. Die Baguettes mehrmals quer mit einem scharfen Messer einschneiden, ca. 20 Minuten auf einem mit Backpapier belegten Blech backen. Damit eine schöne Kruste entsteht, eine mit Wasser gefüllte Schale mit in den Ofen stellen.

2. Währenddessen für das Pesto die Sonnenblumenkerne in einer trockenen Pfanne rösten, den Käse reiben. Zusammen mit den restlichen Zutaten im Mixer oder mit dem Pürierstab zu einer homogenen Masse verarbeiten.

Baguettes auskühlen lassen, dann aufschneiden. Jeweils 1 Hälfte mit Salatblättern, Putenbrustscheiben, Avocado und Tomaten belegen, das Pesto und die Basilikumblätter darüber verteilen und die 2. Hälfte obenauf legen.

kalorienreich, kohlenhydratreich, eiweißreich
zum Beispiel als Schlemmermahlzeit zur Vorbereitung auf Wettkämpfe, zur Regeneration oder nach sehr anstrengenden Trainingseinheiten

Nährwerte pro Portion
874 kcal – 70 g Kohlenhydrate – 63 g Eiweiß – 60 g Fett

FRÜHSTÜCK, SNACKS UND GETRÄNKE

Diese Rezepte für Müsli, Powerriegel, Energyballs und Co. sind gesunde, nährstoffreiche Alternativen zu Wurstsemmel, Schokoriegel und Limonade.

Grundrezept Frischkornmüsli

pro Portion 50 g Haferkörner – 50 g Weizenkörner – 1 Banane – 2 Äpfel, halbiert, entkernt – 1 TL Zitronensaft

1. Hafer und Weizen am Vorabend mit einer Getreidemühle mahlen. Den Getreideschrot in eine Schüssel geben, so viel Wasser (keine Milch verwenden!) zugießen, dass der Schrot knapp bedeckt ist und über Nacht (max. 11 Stunden) abgedeckt quellen lassen, bei sommerlichen Temperaturen im Kühlschrank, sonst bei Zimmertemperatur.

2. Am nächsten Morgen die Banane mit einer Gabel zerdrücken, die Äpfel mit Schale fein reiben, mit Zitronensaft beträufeln und beides mit dem Getreideschrot vermengen.

Den Getreideschrot mit frischem Obst nach Geschmack servieren, z. B. Kiwis, Mango, Heidelbeeren oder Granatapfelkerne, evtl. auch Naturjoghurt.

Das Grundrezept kann je nach Saison auch mit Trockenfrüchten, z. B. Pflaumen oder Aprikosen, zubereitet werden. Diese dann klein schneiden und mit einweichen. Gerne auch gehackte Nüsse oder Weizenkeime untermischen. Auf Konservenobst, Marmelade, gesüßten Joghurt o. Ä. bitte verzichten. Auch Zucker, Honig, andere Süßstoffe, Sahne oder Säfte sind nicht geeignet. Auch sollte bis ca. 30 Minuten nach dem Verzehr wenig, am besten gar nichts getrunken werden.

Nährwerte pro Portion
524 kcal – 103 g Kohlenhydrate – 12 g Eiweiß – 5 g Fett

Aufstriche

Avocado-Aufstrich

1 reife Avocado, ca. 120 g – 1 EL Zitronensaft – 150 g Gorgonzola oder Roquefort, in kleine Stücke geschnitten – 1 Prise Meersalz – Pfeffer aus der Mühle

1. Die Avocado halbieren, mit einer Gabel den Kern entfernen. Das Fruchtfleisch mit einem Löffel aus der Schale heben, in eine Schüssel mit dem Zitronensaft, dem Gorgonzola, Salz und Pfeffer geben und mit einer Gabel zerdrücken und vermengen.

Nährwerte pro Portion (ca. 4 Portionen)
219 kcal – 0,2 g Kohlenhydrate – 8 g Eiweiß – 5 g Fett

Sesam-Honig-Aufstrich

100 g Sesamsaat – Mark von ½ Vanilleschote – 2 EL Honig – 250 g Quark

1. Sesam in einer Pfanne ohne Fett anrösten, abkühlen lassen. Mit den restlichen Zutaten vermengen, mit dem Pürierstab zu einer homogenen Masse verarbeiten.

Nährwerte pro Portion (ca. 4 Portionen)
203 kcal – 9 g Kohlenhydrate – 13 g Eiweiß – 13 g Fett

Apfel-Bananen-Aufstrich

30 Cashewnüsse – 1 reife Banane – 2 Äpfel – Honig nach Geschmack

1. Cashewnüsse in einer trockenen Pfanne anrösten, hacken. Banane schälen, in Stücke schneiden. Äpfel schälen, halbieren, Kerngehäuse und Stielansatz herausschneiden und die Äpfel in kleine Stücke schneiden.

2. Alle Zutaten bis auf den Honig in eine große Schüssel geben, mit dem Pürierstab zu einer homogenen Masse verarbeiten. Den Aufstrich nach Geschmack mit wenig Honig süßen.

Nährwerte pro Portion (ca. 4 Portionen)
108 kcal – 17 g Kohlenhydrate – 2 g Eiweiß – 4 g Fett

Linsen-Möhren-Aufstrich

100 g kleine rote Linsen – 75 g weiche Butter – 100 g Möhren, sehr fein gerieben – 1 TL Senf – 1 TL Schnittlauch – 1 TL Kerbel oder 1 TL Petersilie, fein gehackt – Meersalz

1. Linsen kalt mit Wasser aufsetzen, in 15–20 Minuten bissfest kochen, dann auskühlen lassen.

2. Die Butter mit dem Handrührgerät schaumig rühren, Linsen, Möhren, Senf und Kräuter untermengen und mit etwas Meersalz abschmecken.

Nährwerte pro Portion (ca. 4 Portionen)
215 kcal – 11 g Kohlenhydrate – 6 g Eiweiß – 16 g Fett

Schwedische Heidelbeersuppe

Für 1 Teller 500 ml Apfelsaft – 2 EL Honig – 1 EL Blütenpollen – 60 g Haferflocken – 150 g Heidelbeeren

Alle Zutaten im Standmixer oder mit dem Pürierstab zu einer homogenen Masse verarbeiten, entweder kalt oder angewärmt servieren.

Nährwerte pro Portion
470 kcal – 94 g Kohlenhydrate – 5 g Eiweiß – 11 g Fett

Müsliriegel Bild siehe Seite 9

100 g Kokosraspeln – 50 g Sesamsamen – 125 ml Wasser – 500 g Honig – 2 Eier, getrennt – 200 g kernige Haferflocken – 100 g Weizenflocken – 100 g Sonnenblumenkerne – 300 g Dörrobst (Äpfel, Pflaumen, Aprikosen), in 3–4 mm große Stücke geschnitten – 1 Msp. Vanillemark – 1 TL Zimt – 1 Prise Salz

1. Kokosraspeln und Sesam in einer trockenen Pfanne bei geringer Hitze leicht anrösten, abkühlen lassen. Wasser und Honig unter Rühren erhitzen, bis der Honig sich aufgelöst hat, dann Eigelbe unterrühren. Topf vom Herd nehmen. Alle restlichen Zutaten außer dem Eiweiß untermischen und die Masse ca. 15 Minuten quellen lassen.

2. Den Ofen auf 160 °C vorheizen. Eiweiß halbfest schlagen und unter die Müsli-Honig-Masse ziehen. Ein Backblech mit Backpapier belegen, die Hälfte der Masse aufstreichen, mit Frischhaltefolie abdecken und mit einem zweiten Backblech gleichmäßig zu einer etwa 8 mm dicken Platte drücken. Frischhaltefolie entfernen und im Ofen 20–30 Minuten backen.

3. Die noch heiße Masse in 3 mal 8 cm große Stücke schneiden. Mit dem Rest der Masse ebenso verfahren. Die Riegel bis zum Verzehr in einer Frischhaltedose im Kühlschrank aufbewahren.

Nährwerte pro Riegel
69 kcal – 5 g Kohlenhydrate – 1 g Eiweiß – 2 g Fett

Energiekugeln mit Sesam

2 EL Sesamsaat – 100 g Walnusskerne – 30 g Pistazienkerne – 30 g Sonnenblumenkerne – 150 g getrocknete Aprikosen – 50 g Datteln – ½ TL Ingwer, fein gerieben – 1 Msp. Vanillemark – 1 TL Zimt – 2 EL Zitronensaft

Sesamsaat in einer trockenen Pfanne bei geringer Hitze leicht anrösten, in eine flache Schüssel geben und abkühlen lassen. Walnusskerne, Pistazien und Sonnenblumenkerne fein hacken, die Aprikosen und Datteln auf die Kernmischung geben und weiterhacken, bis alle Zutaten zu einer homogenen Masse verhackt sind. Die Masse zusammen mit Ingwer, Vanille und Zimt in eine Rührschüssel geben, kräftig kneten (Einweghandschuhe), dabei nach und nach den Zitronensaft zugeben. Weiterkneten, bis eine marzipanähnliche Masse entsteht. Aus dieser Masse mit den Händen ca. 25 Kugeln formen und diese im gerösteten Sesam wälzen. Die Kugeln bis zum Verzehr abgedeckt im Kühlschrank aufbewahren.

Nährwerte pro Portion
65 kcal – 5 g Kohlenhydrate – 1,5 g Eiweiß – 4 g Fett

Energiekugeln mit Erdnüssen

10 Datteln – 70 g geschälte Erdnüsse – 4 EL Erdnussbutter – 80 g zarte Haferflocken – 30 g gemahlene Mandeln oder Haselnüsse – 2 EL Ahornsirup – 3 EL Mandelmilch

Datteln und Erdnüsse in 2–3 mm große Stücke hacken, in einer Schüssel mit den restlichen Zutaten vermischen, kräftig kneten (Einweghandschuhe). Aus dem Teig mit den Händen ca. 22 Kugeln formen, für ½ Stunde im Gefrierschrank fest werden lassen und danach abgedeckt im Kühlschrank aufbewahren.

Nährwerte pro Portion
78 kcal – 6 g Kohlenhydrate – 2 g Eiweiß – 5 g Fett

»Alternativ kann die Masse für die Kugeln auch im Hochleistungsmixer zubereitet werden.«

Weizenkeimlinge

Zutaten 5 EL Weizen, keimfähig

1. Den Weizen in ein sauberes und spülmittelfreies flaches Gefäß (oder ein spezielles Keimglas) geben und die Körner mit der dreifachen Menge Wasser übergießen. Mit einem Tuch zugedeckt bei Zimmertemperatur über Nacht stehen lassen. Am nächsten Morgen in einem Sieb abgießen, vorsichtig unter fließendem Wasser abspülen. Am besten ist es, die Körner nun direkt im Sieb oder in einem Durchschlag auf eine Schüssel zu stellen, sodass sie gut abtropfen können. Nicht gequollene, verfärbte oder beschädigte Körner sollten aussortiert werden. Den Tag über mit einem Tuch zugedeckt stehen lassen.

2. Am Abend den Weizen neuerlich spülen, mit einem Tuch bedecken und über Nacht zugedeckt stehen lassen. Am Morgen wieder abgießen, abspülen und über den Tag stehen lassen wie zuvor. Diesen Vorgang wiederholen, bis sich ca. nach dem dritten Tag 3 mm lange Keimlinge zeigen. In diesem Stadium sind die gekeimten Weizenkörner am schmackhaftesten. Die Keimlinge noch ein letztes Mal abspülen und abtropfen lassen, dann aus dem Sieb nehmen, dabei vorsichtig jene Keime lösen, die sich in den Löcher verhakt haben. Die Keimlinge halten sich im Kühlschrank in einem Schraubglas oder einer Plastikdose bis zu 2 Tage frisch. Frische Keimlinge duften und sehen vital aus, nur in diesem Zustand kann man sie ohne Erhitzen unbedenklich verwenden.

»Linsen, Bohnen, Erbsen, Buchweizen, Sonnenblumenkerne … sie alle eignen sich dazu, Keimlinge zu ziehen: kleine Powerpflänzchen, die jede Menge Vitamine, Mineralstoffe und Spurenelemente enthalten.«

Smoothies Bild siehe Seite 50

Buttermilch-Drink
mit Bananen und Erdbeeren
500 ml Buttermilch – 1 Banane – 10 Erdbeeren – 1 EL Weizenkeime – 1 EL Leinöl

Alle Zutaten im Standmixer oder mit dem Pürierstab zu einer homogenen Masse verarbeiten.

Nährwerte pro Portion (2 Portionen)
244 kcal – 28 g Kohlenhydrate – 13 g Eiweiß – 7 g Fett

Kefir-Drink
mit Obst und Walnüssen
500 ml Kefir – 1 große, weiche Birne, entkernt – 4 entsteinte Aprikosen – 2 EL gehackte Walnüsse – 1 EL Walnussöl

Alle Zutaten im Standmixer oder mit dem Pürierstab zu einer homogenen Masse verarbeiten.

Nährwerte pro Portion (2 Portionen)
281 kcal – 21 g Kohlenhydrate – 10 g Eiweiß – 15 g Fett

Avocado-Joghurt-Drink
300 g Naturjoghurt – 200 ml Trinkmolke – 1 Avocado, geschält, entkernt – 10 Basilikumblätter – 1 EL glatte Petersilie – 1 Prise Meersalz

Alle Zutaten im Standmixer oder mit dem Pürierstab zu einer homogenen Masse verarbeiten.

Nährwerte pro Portion (2 Portionen)
255 kcal – 6 g Kohlenhydrate – 7 g Eiweiß – 20 g Fett

Rezeptregister

Sie können alle Rezepte in diesem Buch im Rahmen einer vollwertigen Ernährung einsetzen – oder sie auch in bestimmten Trainingsphasen bevorzugt verwenden.

- ■ vegetarisch
- ■ mit Fisch
- ■ mit Fleisch

Leichtes bis moderates Kraft-/Ausdauertraining

Langes/intensives oder kraftbetontes Training

Gewichtsabnahme

Wettkampfvorbereitung

Regenerationsphase

Vorschläge für Tagespläne nach Trainingsziel

Mengenangabe jeweils für 1 Person, Frauen halbieren aufgrund des geringeren Tagesumsatzes die Zwischenmahlzeiten oder verzichten auf 1 Zwischenmahlzeit

Breitensportler (Fokus Gewichtsabnahme) – ca. 1.800 kcal, 145 g Kohlenhydrate, 90 g Eiweiß, 45 g Fett

Frühstück
Frischkorn-Müsli (Rezept S. 134)

Zwischenmahlzeit
125 g Früchte der Saison, z. B. Erdbeeren, 125 g Joghurt

Mittagessen
Schollenfilet mit Grünkern und Pak Choi (Rezept S. 109)

Zwischenmahlzeit
200 g Apfel

Abendessen
Gefüllte Tomaten mit Hüttenkäse, Wildkräutern und Amaranth (Rezept S. 68, ohne Kartoffeln)

Breitensportler – ca. 2.400 kcal, 140 g Kohlenhydrate, 115 g Eiweiß, 125 g Fett

Frühstück
125 g Quark 20 %
15 g Weizenkeimlinge (oder -flocken)
15 g Leinöl

Zwischenmahlzeit
Milchkaffee
100 g Weizenvollkornbrot, 20 g Honig, 15 g Butter, 25 g magerer Kochschinken

Mittagessen
Makrelenfilet auf Grünkohl mit Kartoffelstampf (Rezept S. 115)

Zwischenmahlzeit
125 g Früchte der Saison, z. B. Erdbeeren, 125 g Joghurt

Abendessen
Tagliatelle mit Gorgonzolasoße und Endiviensalat (Rezept S. 94)

Breitensportler, leistungsbetont – ca. 3.000 kcal, 140 g Kohlenhydrate, 125 g Eiweiß, 120 g Fett

Frühstück
Porridge mit geriebenem Apfel und Haselnüssen, aus: 50 g Haferflocken,
125 ml Milch, 50 g Apfel, 25 g Haselnüsse

Zwischenmahlzeit
25 g Vollkorn-Knäckebrot, 100 g Frischkäse 20 %, 25 g Radieschen
25 g Paprikawürfel

Mittagessen
Schwarzwurzelgratin mit Schinken und Pellkartoffeln (Rezept S. 119)

Zwischenmahlzeit 1
125 g Früchte der Saison, z. B. Erdbeeren

Zwischenmahlzeit 2
Dinkel-Baguette mit Putenbrust, Avocado und Pesto (Rezept S. 132)

Abendessen
Ziegenkäse mit Feldsalat und Walnüssen (Rezept S. 99)

Weiterführende Literatur

Baron, D. K., A. Berg: Optimale Ernährung des Sportlers. S. Hirzel Verlag Stuttgart (2005)

Cooper, K.: Antioxidant Revolution. Thomas Nelson Publisher (1997)

Elmadfa, I./Muskat, E./Fritzsche. D.: Die große GU Nährwert-Kalorien-Tabelle, Neuausgabe 2018/19. GU (2017)

Gröber, U.: Orthomolekulare Medizin. Wissenschaftliche Verlagsgesellschaft Stuttgart (2008)

Hollmann, W., Th. Hettinger: Sportmedizin. F. K. Schattauer Verlagsgesellschaft Stuttgart (2000)

Koerber, K. von, Th. Männle, C. Leitzmann: Vollwert-Ernährung. Karl F. Haug Verlag Heidelberg (2013)

Konopka, P.: Sporternährung. BLV Buchverlag München (2018)

Lamprecht, M., S. Holasek, M. Konrad, W. Seebauer, D. Hiller-Baumgartner: Lehrbuch der Sporternährung. CLAX Fachverlag Graz (2017)

Neumann, G.: Ernährung im Sport. Meyer & Meyer Verlag Aachen (2016)

Raschka, Chr., S. Ruf: Sport und Ernährung. Georg Thieme Verlag Stuttgart (2017)

Über die Autoren

Theorieteil: Dr. med. Peter Konopka ist Internist, Sportmediziner und Leiter seiner eigenen Yoga-Schule in Augsburg. Neben seiner beruflichen Tätigkeit als internistischer Oberarzt am Zentralklinikum Augsburg war er aktiver Radrennfahrer und zwölf Jahre lang sportärztlicher Betreuer der Deutschen Rad-Nationalmannschaften der Straßenradrennfahrer und Querfeldeinfahrer bei Trainingslagern und Etappenrennen sowie bei insgesamt 16 Weltmeisterschaften und Olympischen Spielen.

Rezepte: Werner Obergfell blickt mittlerweile auf gut 30 Jahre Erfahrung mit gesunder, vollwertiger Küche für Sportler zurück. Nach erfolgreich abgeschlossener Kochlehre und Meisterprüfung war der passionierte Koch über 20 Jahre lang als Küchenchef zuständig für die Speiseplanung und Küchenleitung am Olympia-Stützpunkt Todtnau-Fahl, wo er angehende und bereits erfolgreiche Olympioniken mit der passenden vollwertigen Kost verpflegte. Heute leitet er das Hotel Obergfell am Feldberg im Schwarzwald, wo er seine Gäste mit gesunden Gaumenfreuden verwöhnt.

Impressum

Bibliografische Information der Deutschen Nationalbibliothek
Die Deutsche Nationalbibliothek verzeichnet diese Publikation in der Deutschen Nationalbibliografie; detaillierte bibliografische Daten sind im Internet über http://dnb.d-nb.de abrufbar.

BLV Buchverlag GmbH & Co. KG
80636 München

Bildnachweis: Alle Bilder Frauke Antholz (www.fraukeantholz.de), bis auf: S. 6–7, S. 13: golero/iStockphoto.com, S. 9 o. r.: claudio.arnese/iStockphoto.com, S. 9 u. l.: ljubaphoto/iStockphoto.com, Icons: paketesama/Fotolia.com

Grafiken und Tabellen: S. 18 in Anlehnung an: Neumann, G.: Ernährung im Sport. Meyer & Meyer Verlag Aachen (2016); S. 24 und 25 oben nach: Hollmann, W., Th. Hettinger: Sportmedizin. F. K. Schattauer Verlagsgesellschaft Stuttgart (2000); S. 29 nach: Bergström/Hultmann, A Study of the Glykogen Metabolism during Exercise in Man. Scand. J. Clin. Lab. Invest. (1967); S. 36 oben in Anlehnung an: Hamm, M.: Die richtige Ernährung für Sportler. Riva München (2009) S. 41 nach: Ketz, H.-A.: Grundriss der Ernährungslehre. Gustav Fischer Jena (1984); S. 62 nach: Saltin, B./ Karlson, J: Die Ernährung des Sportlers, in Hollmann, W.: Zentrale Themen der Sportmedizin. Springer Berlin, Heidelberg, New York (1972)

Umschlagkonzeption und -gestaltung: BLV-Verlag
Umschlagfotos:
Fond Titel und Rückseite und Illustration: Fotolia
Rückseite: Frauke Antholz

Lektorat: Cornelia Selmair
Herstellung: Ruth Bost
Layoutkonzept Innenteil, Layout/DTP: griesbeckdesign, Dorothee Griesbeck, München

Gedruckt auf chlorfrei gebleichtem Papier

Printed in Germany
ISBN 978-3-8354-1760-1